国家自然科学基金资助项目（51778039）
中国城市轨道交通协会专题研究（A17M00080）

轨道交通与城市协同发展规划
——理论、方法与评价

张 纯 著

中国建筑工业出版社

图书在版编目（CIP）数据

轨道交通与城市协同发展规划：理论、方法与评价／张纯著.—北京：中国建筑工业出版社，2019.12
ISBN 978-7-112-24526-0

Ⅰ.①轨… Ⅱ.①张… Ⅲ.①城市铁路-轨道交通-关系-城市规划-研究 Ⅳ.①U239.5②TU984

中国版本图书馆CIP数据核字（2019）第283530号

责任编辑：张　建　许顺法
书籍设计：锋尚设计
责任校对：王　烨

扫码免费看讲课视频，下载练习数据；如需配套课件，可发送邮件至1343251479@qq.com。

轨道交通与城市协同发展规划
——理论、方法与评价
张纯　著

*

中国建筑工业出版社出版、发行（北京海淀三里河路9号）
各地新华书店、建筑书店经销
北京锋尚制版有限公司制版
北京富诚彩色印刷有限公司印刷

*

开本：787×1092毫米　1/16　印张：11¼　字数：244千字
2019年12月第一版　　2019年12月第一次印刷
定价：88.00元（含配套资源、赠课件）
ISBN 978-7-112-24526-0
（35019）

版权所有　翻印必究
如有印装质量问题，可寄本社退换
（邮政编码100037）

序一

最近十年，中国城市轨道交通进入了飞速发展时期，拉开了城轨黄金时代的序幕。中国城市轨道协会在长期致力于推动轨道建设健康发展和行业科技进步的同时，特别关注轨道与城市协同的重要性。并在2015年6月的中国城市轨道交通高层论坛上，与北京交通大学建筑与艺术学院合办了"都市圈与城市群城轨一体化发展"分论坛。当时国内外专家一致指出这个话题对于中国未来大都市圈健康发展具有深远的意义。为延续这个重要议题，2017年委托北京交通大学承担协会课题"城市轨道交通与城市空间协同发展评价研究"，以数据支持、事实说话的方式，对于中国目前开通轨道交通的城市进行协同发展性评价。在2018年12月，与北京交通大学合作进行"第一期城市轨道交通建筑师高级研修班"，针对这一课题成果对行业内地铁公司的总工以及主要技术骨干进行培训。在推进这些工作的过程中，我们发现：城市轨道交通与城市协同话题，对于从使用者视角出发提升轨道交通出行品质和乘客满意度、改善乘坐体验具有重要的作用。

从2008年北京奥运会到2018年的十年，可以被认为是轨道交通飞速发展的黄金十年，各个城市展开了一场针对轨道交通的"竞赛"。在2018年，针对中国各个城市出台的轨道交通建设可能出现的"过热"情况，国家发改委出台了《关于进一步加强城市轨道交通规划建设管理的意见（【2018】52号）》的相关规定，在人口、财政能力与客流强度上对地铁和轻轨做了定量的规定，这对城市轨道交通行业有着深远影响。然而，中国的城市千差万别，形态各异，发展阶段也不尽相同，如何评价城市轨道交通与城市形态协同，成为这本书关注的核心问题。

城市轨道交通，作为大运量、速度快、高投资的交通基础设施；轨道交通之于城市，就像骨骼对于人体，在长达几十年甚至上百年时间对于城市形态演化有着十分深远的影响。与此同时，城市空间发展也反过来作用于轨道交通，通过职住平衡的先天基因和城市主要客流的张力，对城市轨道交通"骨干"系统形成影响，而产生两个系统之间的动态、交互作用。在解读城市轨道交通与城市发展两者之间的协同关系时，本书所采取时间、空间和功能分析方法使其成为分析技术最关键的三个维度；交互性、动态性成为理解二者相互关系的一把钥匙。

希望本书能对轨道交通行业的从业规划师和建筑师提供一些理论、方法与技术的借鉴；通过轨道建设，让城市生活更美好！

中国城市轨道交通协会

宋敏华

序 二

在欧美发达国家，城市轨道交通有着悠久的历史。后来小汽车交通出现，带动了郊区化，也导致中心城区人口密度下降，削弱了城市轨道交通运营所需的土地利用密度支撑，以致运营经济效益下降。其结果是许多轨道交通系统入不敷出，需要长期依赖公共财政补贴，才能维持运营，而且每况愈下。在相当长的阶段里，城市轨道交通受制于城市财政的约束，发展缓慢。到20世纪八九十年代，发展中国家进入快速城市化时期，世界银行对城市轨道交通建设投资持极其审慎的态度，主要是担心原来就薄弱的发展中国家城市财政因此被拖进长期政府补贴的无底洞。

然而，随着城市规划界对轨道交通与城市土地利用相互作用的进一步认识，以及新的基础设施投融资方式的出现，轨道交通在一些发展中国家的特大城市迅速发展起来。其对高密度、紧凑型城市空间发展的支撑和促进作用，越来越受到重视。通过轨道交通与城市土地利用的协同发展，把大量的出行者吸引至轨道交通系统。不仅可以缓和路面交通拥堵，也可以缓解轨道交通本身的财务问题；还可以为城市交通部门的节能减排做出贡献。由轨道交通带来的城市可通达性的提高，不仅使城市居民出行更为便捷，而且使房地产价值得到提升，使城市更宜居、更有吸引力和竞争力。因此，轨道交通与城市协同发展规划，是创造城市价值的一个重要前提。

目前，中国城市轨道交通正处于飞速发展阶段，给城市带来了交通与土地利用协同发展的契机，机不可失。轨道交通系统和城市房地产都是长期性的投资，一旦建成，便具有锁定效应，短期内难以改变；而且会长期影响未来城市空间结构的发展。因此，本书作者在此时推出这本专著，十分及时。书中全面介绍了轨道交通与城市协同发展规划的理论、方法、实践与评价体系，对我们今后的规划实践，具有一定的参考价值。这些规划理论和方法仍在发展中，需要通过不断的实践加以检验、扩展和完善。如果一个好的协同发展规划得到实施，会给城市带来交通便利和土地增值。而通过寻求有效的土地增值回收（land value capture）途径，为轨道交通建设和运营建立一个可持续的投融资机制，是非常值得探索的问题。希望这本专著给我们的协同发展规划实践带来有益的启示。

北京大学林肯研究院城市发展与土地政策研究中心

刘 志

前言

交通，在《易经·泰卦》中有云："天地交，而万物通也；上下交，而其志同也"。可见，交通的概念不仅仅局限于物质载体的内涵，更包含文化与思想的内涵。协同、融合与和谐发展，贯穿于交通概念的始终。然而，在快速发展中的中国城市，却出现了城市发展与轨道交通建设的不协同现象。正如非洲谚语所说"身体落后于灵魂"，如果将轨道交通和城市分别比喻为人的骨干和组织，如何实现二者的有机结合和同步发展，成为中国和其他发展中国家共同面临的问题。

中国已经成为轨道交通建设速度最快的国家，不仅建设速度惊人，通过高速铁路和轨道交通建设也逐渐积累了"中国经验"，而形成独特的中国模式。在研究轨道交通与城市协同发展的方法与技术时，值得关注的是，各国土地产权、规划制度和修建轨道交通的财政来源不同，城市的轨道交通建设与城市发展所面临的问题迥异，解决的方式也是多样化的。

虽然理想的状态是轨道交通与城市和区域协同，然而在快速发展过程中，城镇化与高速铁路、城市轨道交通等大型交通基础设施的建设常常出现不同步现象。这些不协同具体体现为时间上的异速、空间上的错位和标准上的失配等问题，成为困扰中国和其他发展中国家可持续发展的制约因素。从国家和区域的尺度看，在"一带一路"倡议背景下，交通基础设施的互联互通被提升到前所未有的高度，被认为是践行中国国家战略、重塑世界空间格局的"骨干支持系统"。通过跨国交通基础设施建设，打通交通要道，构建洲际交通走廊，是带动区域经济与人口发展的重要驱动力量。

在城市群和大都市圈内部，按照中国目前条块分割的城市规划和交通管理制度，城市建设过程与交通管理分属不同部门，采取不同的标准、规范与流程进行规划和项目推进。这就需要深入分析城市与交通协同发展的规律，建立城市与交通协同系统的理论和方法。尤其最近5年来，中国城市轨道交通建设快速推进，无论是建设速度还是总里程都取得举世瞩目的成就。然而，目前轨道交通建设也面临"过热"的挑战和压力，由于基础设施建设对地方经济发展的带动作用明显，各城市都争相进行轨道交通建设，演变成为变相的"军备竞赛"。轨道交通是否有足够的经济和人口支持条件，是否影响地方财政健康，已成为中国既有、在建和规划建设轨道交通城市普遍面临的重要课题。

本书从时间、空间、功能三个维度展开，不同维度所关注的问题、采用的方法和技术也不尽相同。在理论、方法与评价的同时，本书也精选国内外城市的实践案例，分析轨道交通与城市协同发展中的经验教训，并总结各国不同背景下的协同发展模式。希望这些经验和案例研究可以为中国和其他发展中国家未来的轨道交通建设提供启示和借鉴。

工作室的几位学生参加了本书的资料整理和文字编排，在此也特别感谢他们付出的劳动，他们具体承担的工作如下：

博士生刘子硕（学生组长）：本书的整体排版、修改、组织校对；第3章的资料整理和编排；

硕士生代书剑：第6章的资料整理和编排，部分插图绘制，案例修编；

本科生雷涵博：本书所有插图的整理和部分文字校对；

硕士生张丹阳：第2章的资料整理和编排；

硕士生张玥：第4章的资料整理和编排；

硕士生高铭悦：本书的前期资料收集；第5章的资料整理和编排。

目录

序一　宋敏华
序二　刘志
前言

第 1 章　交通与城市协同问题 / 001
1.1　轨道交通与城市的协同问题和挑战 / 002
1.2　轨道交通与城市协同发展研究的价值与意义 / 004
1.3　目标与重点解决的问题 / 005
　　1.3.1　本书的研究目标 / 005
　　1.3.2　重点解决的问题 / 005
1.4　本书内容架构及章节设置 / 006

第 2 章　交通与城市演进：历程与趋势 / 013
2.1　马车时代：溯源自由而欢愉的城市氛围 / 014
　　2.1.1　交通属性与城市属性的演进关系 / 014
　　2.1.2　西方城市和交通的发展关系溯源 / 016
　　2.1.3　中国城市和交通的发展关系溯源 / 018
　　2.1.4　区域性交通基础设施——东西方交流视角下的城市 / 020
2.2　工业化时代：探究快捷与紧张的城市变革 / 021
　　2.2.1　交通属性与城市属性的演进关系 / 021
　　2.2.2　交通发展的标志性历史事件 / 022
　　2.2.3　交通发展与城市空间形态的演进 / 024
2.3　信息化时代：追求多元而和谐的城市理想 / 025
　　2.3.1　信息通信技术对城市生活和交通出行的影响 / 025
　　2.3.2　信息化时代下交通属性与城市属性的演进关系 / 026

第 3 章　理论研究：时空协同理论体系 / 029
3.1　轨道交通与城市形态时空协同理论发展 / 031
　　3.1.1　理论来源与基础 / 031
　　3.1.2　协同理论的演进与发展 / 032
3.2　城市形态的交通影响表现为出行需求增长 / 035

  3.2.1 城市形态对交通产生的空间影响 / 035
  3.2.2 轨道交通的空间响应 / 036
3.3 交通基础设施对城市发展的时空效应 / 038
  3.3.1 交通影响了城市形态中职住空间关系 / 038
  3.3.2 轨道交通增强了时间压缩特性 / 040
3.4 轨道交通与城市土地利用协同的相关理论研究 / 040
  3.4.1 轨道交通与城市一体化模型 / 040
  3.4.2 城市轨道交通与土地价值增值 / 041
  3.4.3 TOD 理论与应用 / 042
3.5 本章小结 / 043

第 4 章 协同发展的分析技术与方法 / 047

4.1 协同发展的研究方法 / 049
  4.1.1 空间分析方法 / 049
  4.1.2 时间分析方法 / 054
  4.1.3 功能分析方法 / 058
4.2 协同发展的数据 / 059
  4.2.1 空间维度数据 / 060
  4.2.2 时间维度数据 / 064
  4.2.3 功能维度数据 / 065
4.3 协同发展的分析技术 / 066
  4.3.1 主成分分析法 / 067
  4.3.2 层次分析法 / 068
  4.3.3 无人机倾斜摄影和三维建模技术 / 069
4.4 本章小结 / 070

第 5 章 城市轨道交通与城市空间协同发展评价体系构建 / 073

5.1 体系建构——评价依据和指标体系 / 075
  5.1.1 空间总量协同指数 / 077
  5.1.2 功能结构协同指数 / 079
  5.1.3 协同发展潜力指数 / 080
5.2 关键指标——主成分分析法的关键指标 / 081

5.2.1　城市轨道交通指标的主成分分析 / 081
　　5.2.2　城市形态指标的主成分分析 / 084
5.3　评价方法——耦合度分析和城市协同发展程度排序 / 087
　　5.3.1　耦合度分析与测算 / 087
　　5.3.2　耦合度指数综合测评 / 089
5.4　本章小结 / 091

第 6 章　规划实践与案例研究：国内外经验与问题 / 093

6.1　空间协同问题 / 094
　　6.1.1　城市律动：纽约百年地铁的钢铁王国 / 095
　　6.1.2　区域整合：轨道上的京津冀城市群 / 098
　　6.1.3　垂直整合：重庆的山水城市与轨道交通竖向设计 / 101
　　6.1.4　空间协同的小结 / 105
6.2　时间协同问题 / 105
　　6.2.1　职住演化：北京轨道交通与人口、经济变迁 / 105
　　6.2.2　城市转型：辛辛那提的交通与城市兴衰 / 111
　　6.2.3　再现历史：北卡斯宾塞轨道小镇的历史保护与再生 / 121
　　6.2.4　面向未来：百年京张线路的交通功能再利用展望 / 128
6.3　功能协同问题 / 133
　　6.3.1　社会视角：乌鲁木齐的交通与就业可达性研究 / 134
　　6.3.2　土地视角：北京亦庄线的 TOD 研究 / 141
　　6.3.3　文化视角：徐州轨道交通与城市文化 / 146
　　6.3.4　投融资视角：曼谷轨道综合开发的土地溢价 / 153
6.4　本章小结 / 158

第 7 章　总结 / 161

7.1　轨道交通与城市协同发展的主要问题 / 162
7.2　审视与反思 / 164
7.3　局限与展望 / 166

后记 / 168

第 1 章 交通与城市协同问题

从全球范围来看，基础设施建设已成为拉动城市经济增长的引擎，尤其是轨道交通基础设施建设，不仅可以通过投资拉动经济，更可以通过提升区域与城市的可达性提升城市品质。近年来中国快速推进、交互影响、动态作用下的轨道交通和城市耦合发展机制亟待理论、方法和技术指导；而在传统的城市规划和交通工程领域，从交通与城市空间的相互作用内在机理及动态协同规律上深入探讨以及集成指标体系研究尚不多见。特别是最近5年中，很多城市轨道交通发展已经出现脱节于城市建设的"过热"和盲目性现象，实践上需要交通与城市协同体系来调控规模、引导空间和时间上的有序发展，并为政策决策提供支持。

1.1　轨道交通与城市的协同问题和挑战

1. 从理念上，轨道交通促进城市发展的时空差异与建设效益问题引发关注

轨道交通诞生以来，对城市发展的促进作用不断被认识，也不断产生相关问题，如城市建设多大规模的轨道交通最合适，什么时间开始建设轨道交通最适宜，轨道交通对城市的作用是否都是积极的？这些问题也不断引起越来越多的关注。同时，国际上轨道交通促动城市发展的一些新的理念，以及中国城市轨道交通建设引发的一些实际问题，让笔者感到认识上的偏差对城市发展的潜在危害是巨大的。全面而有前瞻性的认识需要系统的理论、有效的方法以及客观的评价作为支撑，这些都需要这一领域的科学研究的理论支撑和方法作为指导。

中国城市轨道交通处于集中高速建设期，轨道交通不仅促进城市空间产生翻天覆地的变化，也从更深层次上对城市建设效益产生重要影响。中国城市轨道交通设施的投入巨大，截至2016年底，分布在44座城市中的317条线路总投资额已经达到4.7万亿元。[1]截至2019年底，中国内地已累计有40个城市开通轨交运营线路6730.27km。然而，在这些城市中轨道交通投资运营的线网客流强度却远远不足，运营收益仍然很低，需要轨道交通与城市发展在时间和空间上进行更好的配合。

在城市持续动态发展与城市轨道交通规模日益扩大、系统日益复杂的同时，一些基本的理论和方法问题仍亟待深入研究。例如，对于不同发展阶段的城市，每平方公里轨道交通公里数多少最佳，城市万人拥有轨道交通里程数多少最合适，规划的轨道交通线路最佳的建设时间、空间效益如何评判？城市规划和轨道交通领域研究者、规划者、决策者共同意识到，并非轨道交通运营里程越长、投资越多其建设效益就越好——单一指标并不足以反映城市轨道交通发展水平。因而，轨道交通领域的发展与城市发展在时间和空间上的协同问题越来越引起重视。

2. 从理论上，轨道交通与城市发展的动态协同规律亟待揭示

当前我国的轨道交通发展迅猛，然而理论上的缺失远不能满足新的城市建设发展需求。

作为中国城市重要的基础设施投资，轨道交通正在以前所未有的速度快速建设；截至2019年底，中国大陆地区共有40座城市开通运营总长度达到5761.4km的城市轨道交通线路。然而，目前关于轨道交通与城市发展互动关系的内在规律理论认识仍不充足，从而缺乏为轨道交通与城市系统之间两系统的衔接和整合提供有效的理论依据，造成城市整体建设、管理和运营效益的损失。

根据"2015年中央城市工作会议讲话"精神，交通基础设施与城市发展统筹成为促进城市系统化建设的重要任务。进行统筹发展，亟待理论研究的支撑与指导。目前，现有理论已关注到，城市轨道交通规划对城市发展，在用地、社会经济以及非物质形态方面都具有导向作用[2]，并且在时间和空间上都呈现出重要的影响。[3]然而，这些现有理论却较少关注到二者互为因果、交互作用、快速动态变化的规律。

3. 从方法上，协同问题需采用新的数据技术，寻求研究方法的突破

科技发展不断推动城市变革，新技术对于研究轨道交通与城市协同，同样需要在已有的方法上寻求突破。

传统上，轨道交通与城市规划这两个系统在数据来源、研究方法上皆自成体系，而缺乏相互的衔接与协调，更缺乏相应整合两个体系的有效研究方法。无论在交通领域还是城市领域，越来越多的学者发现仅仅依靠交通或城市分析模型，并不能彻底解决二者的协同问题；还必须从更综合的视角出发，探讨交通与城市系统的互动机制和耦合关系。[4~6]

而近来新数据的可得性、空间分析技术的进步与研究手段的创新，为轨道交通与城市规划协同研究的方法创新提供了可能（Matsuba，2013）。数据分析与空间模拟技术的发展，提供了精确和精准的分析平台；基于大数据和开放数据的网络数据渠道，为获取轨道交通和城市规划信息提供了简单、便捷的数据来源。在研究方法上，新数据来源产生的新研究方法，为轨道交通与城市研究方法的协同创新提供了有力支撑。

4. 从标准上，协同问题的复杂性寻求新的技术标准与技术手段

当前城市轨道交通建设越来越趋于理性，但是缺少客观有效的分析评价标准；科学的评价对中国当前城市轨道交通建设具有极大的现实意义。

中国城市轨道交通与城市化进程同样快速展开，然而由于缺乏相关的协同标准和技术手段，呈现出在空间上错位、时间上异速与技术标准上失配等问题。到2019年底，中国内地已有40个城市开通轨道交通，投入运营线路213条，运营站点4132年；预计到"十四五"期末，79座城市轨道交通规划里程将达到14000km。[7]

然而，从城市规划理论和实践工作来看，目前在全国范围内快速修建的轨道交通与城市发展之间在空间、时间和管理机制上并不协同。[8、9]这就需要新的技术标准与新的技术手段，为多部门、多尺度之间的协同工作提供支持，从而为在不同部门之间进行信息沟通和协调管理建立一体化的工作平台。

1.2 轨道交通与城市协同发展研究的价值与意义

"十三五"期间中国城市轨道交通仍处于快速、集中建设期。然而，由于轨道交通与城市规划的思路理念、技术标准、管理机制等原因，从规划、设计、建设、实施、管理上需要真正意义的协同，也需要相应的理论研究，来支持"一体化"的实现。

1. 探讨协同规律，有助于以智慧的思维推动轨道与城市一体化

在城市轨道交通与城市规划之间建立起一座桥梁，实现规划、信息、数据和管理的系统整合，是"一体化"在轨道交通领域的重要探索。"一体化"的理念目前已经成为规划领域普遍认可的发展趋势，然而目前相关支持理论、技术方法以及评价体系都尚不健全。轨道交通因建设量大，与城市空间发生密切的互动作用，而成为探讨不同系统协同规律的重要领域。目前，中国在轨道交通领域建设的速度已经位居世界第一，城市轨道交通更是以前所未有的速度大规模推进（中国轨道交通协会，2016）。城市轨道交通领域的选线、设计、建设、施工过程十分复杂，作为大型基础设施建设其投资更大，与传统城市规划、设计、管理的交织点和冲突点也更加突出。

此外，根据国家"十三五"发展规划，智慧化、智能化成为科技发展的重点方向。尤其在城市建设领域，智慧城市与智慧交通建设更是成为未来城市规划与建设领域的重点工作。在此背景下，城市轨道交通与城市规划协同，有助于实现智慧化的信息共享，从而帮助实现"一张图"的城市建设与管理。

2. 研究协同方法，有利于以高效的手段提升城市建设效益

与传统交通和城市规划的方法不同，城市轨道交通与城市空间同时快速拓展，其发展趋势呈现出互为因果、动态交互、耦合作用的变化规律。城市轨道交通方式因其大运量、快速建设的特征，有可能给城市发展带来彻底而颠覆性的变革。如果沿用传统静态背景下的方法，将不可避免地形成轨道交通与城市规划系统之间的冲突，而导致重复建设。因而，交通与城市协同的整合化、精准化、动态化、轻量化的新方法和新技术，将有利于提升应对城市未来发展变化的动态性和适用性。由于城市轨道交通基础设施的投资十分巨大，一旦形成很难更改，研究轨道交通与城市关键指标集成的新方法对于避免重复建设、缩短建设周期、提升城市建设的综合效益具有重要作用。

3. 研究协同技术，有益于以协同平台改善城市基础设施服务水平

虽然中国城市在交通基础设施领域的投入不断增加，然而如果缺乏与城市规划的协调，便会出现交通基础设施建设增加引发更大的通勤流、更强的客流压力，以及更严重的局部交通拥堵。因此，城市交通问题并不能简单通过轨道交通总里程、客流量等单一衡量指标而得到解决，还必须结合城市空间、人口和经济过程等进行综合分析和研究。轨道交通与城市发展之间形成的紧密关联，成为研究城市交通问题、改善基础设施服务水平的重要切入点，对城市经济、社会发展有着深远的影响。因而从公共服务与居民生活的视角来看，研究轨道交通与城市协同的关键技术，还将直接关系到城市居民的通勤体验与城市基础设施的公共服务品质。

综上所述，研究轨道交通与城市发展协同规律，将有助于在理念上跳出轨道交通建设"唯里程论"的盲目性。在理论上指导轨道交通与城市两个系统在规模、时间和空间上动态调控、合理配合、有序发展。在方法上，通过建立一体化的指标集成体系，有利于实现两个系统之间的关键指标衔接，从而提升城市建设的综合效益。在评价上，通过协同分析建设，将有益于识别轨道交通与城市发展之间的冲突和矛盾问题，改善城市交通基础设施的综合服务水平。

1.3 目标与重点解决的问题

1.3.1 本书的研究目标

本书所关注的关键问题如下。

在理论层面，对已有理论进行梳理，建立轨道交通与城市协同的研究理论构架。

在方法与技术层面，针对城市与轨道交通两系统之间的交互作用，收集相关空间和非空间数据，并根据这些数据的结构和特征选取相应的研究方法。通过基于GIS的耦合关联分析法、职住动态平衡分析法和网络分析法，揭示轨道交通与城市空间相互促动、动态影响的演化规律。针对轨道交通与城市规划体系中现有的指标研究，通过主成分分析法与层次分析法，提炼出基于定量分析与动态信息的关键技术指标集成体系，根据动态情境变化过程，确定轨道交通与城市规划系统协同的关键影响因素、技术方法和关键指标。

在评价层面，建立协同评价的指标体系。针对协同关键指标体系，研究协同各环节与指标之间的相互作用，建立跨部门、多尺度和多辖区之间的轨道交通协同的关键指标体系，并依托国内外具体城市案例进行分析。

在实践层面，分类梳理国内外案例，在空间、时间与功能三个维度对案例进行解析，阐明城市的轨道交通与城市发展的协同关系。本书将通过借鉴国内外城市轨道交通与城市协同发展的经验，总结各阶段交通发展与城市互动模式，提炼轨道交通与城市发展过程中面临的问题，对未来发展起到借鉴作用。

1.3.2 重点解决的问题

通过这些研究，本书希望解决以下关键问题。

在理论上，探讨轨道交通和城市发展在时间与空间维度上的关联性。剖析轨道交通和城市发展的相互作用机制，识别轨道交通与城市空间互动演化的阶段及特征，探讨两个系统在时间和空间维度上的关联作用，从而揭示轨道交通与城市发展互为因果、相互影响的内在机理。

在方法上，探讨耦合关联分析方法在空间上的拓展。基于带有空间地理标识的轨道交通与城市发展数据体系，在两个系统之间进行空间耦合关联程度的分析。通过在不同区位上识别两个系统之间各关键指标、各空间区位的耦合作用机制，探讨如何在城市中心、近郊和远郊区等不同地带建立耦合关联分析模型。

在评价上，探讨关键指标价值的有效性在时间与空间上的延伸。基于主成分分析法识别关键指标，通过层次分析法集成关键指标体系，并根据关键指标进行追踪和校验，从而对轨道交通与城市空间协同水平进行综合测评。

1.4 本书内容架构及章节设置

本书采取国际视角，结合中国案例来探讨轨道交通与城市发展之间的关系。在第1章之后，其他章节安排如下：

在第2章中，将回溯轨道交通发展的历史。古语云："以史为镜，可以知兴替；以人为镜，可以明得失"。本书借鉴纽约、辛辛那提、北卡斯宾塞和曼谷等国际城市案例的初衷，并不是一味学习国外的先进经验，并照搬、引入中国城市轨道交通建设中，而是希望通过追溯上百年的轨道交通与城市发展史，说明在其他国家轨道交通与城市发展之间紧密而不可分割的影响，甚至深入影响到城市的社会、经济、历史和文化等各层面。

在快速转型的中国城市中，轨道交通基础设施引发了城市的快速动态变化。例如，中国很多城市轨道交通建设的速度之快，国际城市需经过几十年、甚至上百年才能完成。中国城市轨道交通在快速发展中遇到的问题，可能在作为前车之鉴的其他城市也曾遇到过，而另外一些问题则可能是在快速发展时期所特有的。一方面，交通经济学、城市交通形态的理论依然经典，如城市轨道交通发展会提升可达性，良好的区位带来就业机会和城市土地利用的价值，也促进了商业与人口的集聚。另一方面，在快速发展的中国城市，可能出现一些新的问题与挑战，如轨道交通网络快速建设下如何解决局部空间和结构上的不匹配、建轨道与建城市之间的滞后、城市历史文物保护与商业发展之间的矛盾，这些可能是快速发展的中国城市刚刚出现且特有的问题和挑战。

在第3章中，通过回顾以往的文献来梳理轨道交通和城市发展相关理论。这些理论通过追溯交通基础设施对城市形态的影响、城市形态对城市交通的作用来刻画二者之间的交互关系；通过回顾中国城市轨道交通与城市协同的经验来阐述和理解中国城市的特殊性；并且通过阐述大数据与新数据来源的方法，探讨如何对协同程度进行测度揭示和解释。文献综述研究发现，轨道交通与城市之间的互动关系并不是简单的技术问题，而与城市所在的社会、经济背景等环境有着综合关联。与此同时，新的数据来源和新的方法为探讨二者之间的关系提供了更多的技术支持。在传统研究范式中，通常采取理论驱动，先构建理论模型再提供数据支持；而在新数据来源下，数据驱动、技术支持也成为大数据背景下新的范式。

在第4章中，延续理论综述，详细介绍了研究方法，以及数据来源与分类。其中，数据来源包括传统来源于城市人口普查、经济普查、轨道交通和城市土地利用的数据，以及来自于网络的公交卡刷卡、微博签到等大数据。针对这些不同的数据类型，研究方法可以分为非空间分析方法以及空间分析方法两类。其中，非空间分析包括相关、因果和时间序列分析等。本书中主要采取了主成分分析法，用于提取关键的影响因素；层次分析法用于考察各因素之间的层次关联性；耦合分析法用于考察两个系统之间的协同水平；以及深度学习和人工智能方法用于分析海量网络数据并提取所需要的信息。而空间分析方法则包括职住平衡和网络分析法、异速增长模型下的情境分析法和基于无人机技术的三维模型建模分析等。值得注意的是，这些研究方法并非要彻底颠覆传统的数据和研究方法，而是随着数据规模增加、维度扩展，在时间和空间上、私人部门和公共部门之间进行融合。

在第5章，主要讨论如何应用这些指标对轨道交通与城市协同发展规律进行评价。首先从宏观层面出发，进行全国层面城市之间轨道交通与城市发展协同程度的比较。城市轨道交通与城市发展，既有高水平与高水平的协同，也存在低水平上的均衡。换言之，协同度的评价只是体现两个系统之间的匹配情况，而没有优劣之分。从空间总量、功能结构以及未来增长潜力三个方面构建评价体系，并采取主成分分析法提取城市轨道交通与城市发展最关键的要素，而后进行耦合度分析和排序。主成分分析的结果显示，城市轨道交通的关键指标体现在客流量、承载量和客流强度等方面，而城市相关指标则体现在城市富裕程度、城市空间集中度以及人口密度等方面。耦合度分析的结果显示，处于轨道交通发展成熟期的城市协同指数比较高；而正在进行快速大规模轨道交通建设的城市协同指数适中，仍然需要较长时间的磨合与调整。

在本书前半部分讨论理论、方法与整体上的协同程度之后，后半部分从理论过渡到实践案例的分析和解读。继续延伸前面几章的思路，通过国内外案例分析来具体阐述轨道交通与城市协同发展的关系。从第6章开始，采取比较范式建立多维度、多尺度、跨时间的分析框架，来认识不同案例中多元社会、经济背景下城市轨道交通发展的不同走向。在介绍国际案例时，采取批判性分析视角，而非将所有国际案例作为成功经验用来在中国城市中推广介绍。尤其是，在探索城市轨道交通与城市发展的关系时，关注特定历史背景下的进步性与局限性。

第6章，通过国内外案例对上述理论和方法进行实践案例的阐述。选择国外案例时，结合不同地域特点、城市规模、历史发展、建设轨道的历程等因素，选择4座各具特色的城市，阐述4个轨道交通与城市发展的不同故事。

纽约地铁成为支撑最为高效、繁忙城市的地下轨道"钢铁王国"，经历百年建设，实际上包括市郊铁路与地铁两个部分。作为重要的交通基础设施，东部大都会纽约地铁提供了国际性大都市和地方特色小社区的重要连接。大大小小的站点，既包括中央车站这样大型的区域交通枢纽，也包括连接小社区的小型地铁站。纽约地铁线与城市道路交通存在高度耦合关系，成为地下轨道"钢铁王国"支撑地上城市运行的典型案例。

辛辛那提的案例，展示了美国中部工业城市的骨干交通基础设施，经历水运、铁路，一直到有轨电车和城市绿道的变迁；也展示了工业辉煌时代之后，城市政府对轨道交通投资的谨慎态度——辛辛那提的特殊性在于，被纳入城市发展计划的城市轨道交通"捷运"系统，从来也没有真正被完成过，从此被一而再，再而三地搁置。似乎在铁路黄金时代过后，伴随着联合车站的衰败，城市再也没有真正下决心进行大规模的交通基础设施投资。也是出于财政负担的考虑，最终有轨电车仅仅连接了下城区的就业地点和中城区的衰败社区，而没有最终连接到上城区的大学城。这样使得本来按照主要客流流线设计的通勤线路，最终沦为观光型的线路，而不能满足城市大规模通勤的功能需要，最终反而变成市政府的财政负担。尽管如此，辛辛那提案例的进步之处在于随着历史需要，公共交通的形制也呈现出智慧而弹性的调整，从水运、铁路、城市轨道交通到有轨电车，每种交通运输形式，无论针对货运还是客运，都十分符合特定时期的时代公共交通需要。

在地球的另一端，选择曼谷这座东南亚城市，除了丰富研究城市案例的背景之外，也更加体现出亚洲城市与轨道交通建设的特殊属性——在人口高度密集、规划条例和财政体质不同的情况下，轨道交通与城市协同的发展体现出何种规律。同样作为发展中国家，曼谷在快速城市化发展过程中的土地飞速扩张产生的交通压力也十分明显。曼谷案例探讨了在资金缺乏的情况下如何通过适当的融资模式进行轨道交通建设。以机场快线为例，在修建之初，地铁公司面临着巨大的资金缺口和财务压力，导致在线路完成时几乎没有资金来支持后续站点周边的出入口等设施建设。然而，通过轨道交通带动土地溢价（value capture）的过程，使得轨道交通站点周边的区位优势在线路开始运营后立刻显现出来。不仅通过站点周边土地功能的更新，平衡了轨道建设的投入，很多酒店、商场也主动跟地铁公司申请希望能架设连接轻轨的步行廊道。作为东南亚最大的国际化城市之一，轨道交通作为国际化、现代化、高效率的出行方式而受到更多商务人士的欢迎，目前在国际品牌的商铺和酒店选址时，已经将邻近轨道交通站点作为重要的考量因素。

国际研究的最后一个案例重新回到美国，选择北卡罗来纳州的斯宾塞小镇——曾经辉煌一时的南方铁路枢纽和检修站，来说明如何将废弃的轨道交通枢纽进行再利用，并且促进小镇的可持续再生。在美国罗斯福时代推进高速公路发展计划之后，很多传统铁路沿线的小镇伴随铁路衰落而衰败，需要寻找新的发展驱动力带动城市再生。在斯宾塞小镇案例中，充分利用了铁路作为交通工业文化遗产，而体现了技术革新与贸易格局变化下的历史文化价值提升。斯宾塞小镇因铭记了国家南北战争和贸易垄断的特殊经历，而被改建为北卡交通博物馆。通过强调创意文化与旅游功能，成为展示美国铁路和工业文明的重要窗口。小镇周边也因此衍生了旅游、商业等功能，重现20世纪20年代的盛景，目前也成为中小学科普教育和军训的重要营地。其中，原有铁路保留了其中一段，改造成为具有山地观光性质的旅游专用线路。

第6章在中国的案例中，首先分别在宏观城市群层面、中观城市层面与微观节点层面选择京津冀、北京市区以及亦庄郊区线案例，说明铁路、城市轨道交通与轻轨是如何对不同尺度城市空间产生影响、已有的城市空间形态又是如何反过来影响轨道交通客流特征的。

在城市群尺度的京津冀案例中，近年来随着"轨道上京津冀"政策推动，轨道交通系统开始快速建设，深刻改变了京津冀地区的区域格局。尤其是高速铁路建设，使得1h通勤圈的范围得到显著拓展，周边区域可达性明显提升。然而，在高速铁路飞速建设的同时，以往得益于普通铁路连接而带来区位优势的中小城市却被高铁"短路"，失去了普通铁路主导时期原有的通过性优势。有高铁连接的城市通过快速轨道交通体系更加深度地嵌入京津冀城市群中，正如"虹吸效应"所描述的，在轨道交通系统更加完善的同时，更多的人口、就业并没有像"涓滴效应"所描述的，扩展到周边的不发达地区，相反，人口和经济等要素沿着轨道交通线路进一步向大城市集中。

在北京城市尺度的案例中，对比2000年和2010年10年间随着轨道交通建设增加的人口和就业密度变化。这10年被认为是城市轨道交通高速发展的10年，随着城市轨道交通线网的加密，人口分布同时出现了沿着轨道交通走廊分散的趋势和向城市中心加密集聚的趋势，而就业分布则更加向着城市中心集中而体现出极化的趋势。北京城市尺度的案例表明，城市轨道交通建设一方面缩短了时空界限使城市更加扁平化，另一方面，却因为交通可达性提升而使得城市中心的区位优势更加突出、城市中心区呈现出更为集中的发展趋势。

在北京亦庄线案例中，通过追踪2008年和2015年轨道交通站点周边土地利用变化，考察通过城市轨道交通建设向郊区新城疏散人口的"反磁力中心"设想是否实现。从职住平衡的视角来看，由于就业岗位和居住岗位空间与结构不匹配，居住在本地社区中的居民更多地到国贸等城市商务中心地区就业，而本地技术性劳工岗位就业者更多来自于周边乡镇——最初城市轨道交通建设支持新城就业中心形成"就业郊区化"的设想并没有完全实现，而是更多地服务于"居住郊区化"。从土地利用的视角来看，尽管有着TOD的良好愿望，但事实上由于控制性详细规划中对土地利用性质的限制和企业对区位的选择，对比位于开发区到城市中心区的边缘、开发区核心和开发区远端三个站点，比较符合TOD最初理念的只有距离城市最近的一个站点周边的土地开发利用情况。由此说明，在城市轨道交通周边进行开发，除了站点本身因素之外，还需要考虑轨道交通线路的区位、新城自身的吸引力、周边前期规划的条件等，是多因素综合复杂作用的结果。

在中国案例中，选择了张家口、乌鲁木齐、徐州和重庆等城市，分别从历史文化视角、社会公平视角探讨城市轨道交通与城市的互动关系。这三个案例分别展现了已经建成、刚刚建成轨道交通的城市及重新建设轨道交通的城市需要考虑的事项，以及分别可能产生的各种问题。

在乌鲁木齐案例中,从社会公平视角出发,探讨包括轨道交通和BRT在内的快速、大运量交通方式,对中低收入居民的就业影响。在少数民族集聚的乌鲁木齐,进行公共交通改善的意义不仅停留在交通层面,而有着更加深刻的社会、经济影响。例如,就业可达性的提升会改善居民由于交通不便利而失业的状况,就业满意度的提升也是改善生活整体满意度的重要方面。通过改善中低收入群体就业率和就业满意度,可以起到提升社会公平、促进社会稳定的积极作用。

在重庆案例中,从垂直整合视角出发,探讨山地地貌给轨道交通带来工程技术难度的同时,也带来空间整合、立体化利用和竖向设计上的创新。在城市组团组织上,通过轨道交通线路的连接,"两岸三江"沿线的组团被前所未有地紧密缝合,也建立了城市中心与山麓之外郊区组团连接的通道,一定程度上缓解了地面交通的拥堵。重庆的轨道交通在竖向设计上体现了极大的创新与想象力,一方面"因天时、就地利",不必拘于与道路平行,而更多结合自然地形;一方面又有着"遇山开路,遇水架桥"的魄力与决心,不仅穿越自然屏障,也穿越建筑,形成一道独特的城市风景线。

在徐州案例中,从文化保护视角出发,以彭城广场为例,探讨了如何在进行轨道交通线路开发的同时,进行商业活力的提升和地下文物剖面的展示。作为中国的历史文化名城,轨道交通建设如何能与城市文化建设结合,凸显徐州深厚的文化积淀,成为徐州案例中重点探讨的话题。特别是在处理地下空间保护与城市轨道交通站厅开发之间的矛盾时,对站厅采取透明化设计,起到既能展示夯土剖面又不影响轨道交通站厅交通功能的作用。在中国城市轨道交通建设中,通常在遇到地下文物层时会采取十分谨慎的避让态度,并将其作为历史文化保护的负面清单加以考虑;然而,如果从三维空间视角来看,文物层仅仅存在于特定的深度,在不影响文物保护的前提下如果站厅设计可以在垂直层的某些地段结合地下剖面加以展示,可以起到较好的文化展示和传播功能。

张家口作为中国城市中一个特殊的案例,相对于其他已经建成的案例,其城市轨道交通仍停留在规划阶段;并且作为一个既有铁路改造成为城市轨道交通线路的案例,和其他城市新建轨道交通的情况相比,有着很大差异。百年历史的京张铁路作为第一条中国人自主建设的铁路,给后代留下了无尽的智慧和精神财富。在随着2022年北京冬奥会需求建设新京张高铁的同时,原有的普通铁路线路废弃,并计划转为城市有轨电车而重新服务于城市内的通勤。计划改造后的线路,将保持沿线百年京张铁路的历史文化传统,同时根据冬奥会发展的需求,在北部老城和南部新区之间加强南北方向的交通联系,改善以往交通拥堵的情况。期待随着铁路改造为轨道交通的建设,为张家口冬奥会时期的发展注入新的活力。

为了方便读者,可以从头阅读,也可以每章节独立阅读。为了配合文字提供更方便的阅读素材,本书也提供了一个视频摘要便于读者在短时间内了解本书梗概,并有中文、英文两个不同的版本。同时,在视频结尾也留下了与读者互动讨论专栏,以起到抛砖引玉的效果,欢迎读者围绕轨道交通与城市发展话题展开更多讨论。

参考文献

[1] 施仲衡. 加强城市轨道交通工程建设和运营安全管理［J］. 都市快轨交通，2017，30（1）: 1-3.
[2] 赵坚. 城市交通及其塑造城市形态的功能［J］. 城市问题, 2008（5）: 2-6.
[3] 潘海啸，任春洋. 轨道交通与城市中心体系的空间耦合［J］. 时代建筑. 2009（5）: 19-21.
[4] Cervero R, Kockelman K. Travel Demand and the 3Ds: Density, Diversity, and Design[J]. Transportation Research Part D:Transport and Environment, 1997, 2(3):199-219.
[5] Ratner A, Goetz R. The Reshaping of Land Use and Urban form in Denver Through Transit-oriented Development[J]. Cities, 2013, 30(1):31-46.
[6] 盛来芳. 论轨道交通与大城市的时空耦合［M］. 北京: 经济科学出版社，2014.
[7] 中国城市轨道交通协会. 中国城市轨道交通发展年报2018［R］. 北京，2019.
[8] 黄志刚，荣朝和. 北京城市客运交通枢纽存在的问题及分析［J］. 综合运输（6）: 35-40.
[9] 毛保华，郭继孚，陈金川等. 城市综合交通结构演变的实证研究［M］. 北京: 人民交通出版社，2011.

第 2 章 交通与城市演进：历程与趋势

纵观世界各城市的发展进程，城市各阶段的发展都离不开交通系统的支撑。从城市形态角度来说，交通之于城市，正如骨骼之于人体，表现为重要的支撑作用，交通与城市的发展是相互依存、相互促进的。交通形式也是城市文化和城市精神形成的重要基础，工业革命以前是以步行和马车等人力和畜力为主要动力的交通方式，可以统称为马车时代；工业革命开启了以蒸汽和机电为动力的航运、铁路、公路、航空等工业时代的交通方式；后工业化时期我们有了更快捷的交通工具，也开始进入虚拟交通与实体交通交融的信息时代，双向沟通设备及VR、无人机、无人驾驶等，技术变革带来的交通运输方式改变直接影响人、物以及信息的交换效率，进而影响城市空间形态和功能演进。

从全球视角来看，城市轨道交通已遍布全球六大洲的上百个城市，它作为联系城市内部和邻近城市之间的一种大运量交通方式，是当代城市未来公共交通发展的主要方向。为了深入探讨轨道交通与城市空间的协同关系，需要从交通与城市的发展演变关系来理解、认识相互之间的联系。

本章将从交通与城市的发展关系出发，揭示不同时代背景下交通方式、交通速度、交通效率、交通文化四个交通属性与城市形态、城市尺度、城市节奏、城市文明四个城市属性之间的相互依存、相互促进和相互选择的紧密联系（**图2-1**）。

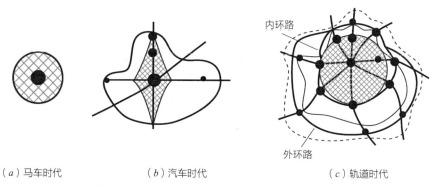

（a）马车时代　　　　（b）汽车时代　　　　（c）轨道时代

图 2-1　不同交通模式与城市空间形态之间的关系
图片来源：王文静，陆化普。轨道交通与都市圈空间体系耦合关系研究

2.1 马车时代：溯源自由而欢愉的城市氛围

2.1.1 交通属性与城市属性的演进关系

在马车时代，交通与城市空间的尺度相宜，空间形态决定了市民生活的图景，又通过公共空间塑造影响着当地的文化。总体上来看，交通与城市空间相互影响、共同作用。

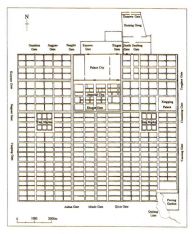

图 2-2　长安城平面
图片来源：李德华. 城市规划原理（第三版）北京：中国建筑工业出版社，2001：16

图 2-3　罗马城平面
图片来源：Museum of Roman

在古代城镇形成和发展的初期，人的步行能力制约着城市规模，城市的边界由人的步行适宜范围决定。由于人的步行平均速度为3~5km/h，古代城市的规模一般也在3~5km²。马车的出现逐渐拓展了人们的出行范围，进而拓展了城市的规模，但古代城市规模基本不超过5km²（**图2-2、图2-3**）。

城市街道组成的街巷系统为城市形态提供支撑骨架，而城市街道的形成又取决于行人的需求，因此，在人的需求导向下和改造自然的能力限制下，城市规模和街巷尺度相对较小，城市形态相对自然灵活[1]。这一时期，无论是东方还是西方，马车的使用源于社会阶层经济水平的分化，步行为主交通方式决定了人与物的交换效率低，城市居民的活动范围相对固定，城市呈现为固定区域内的静态性、平面式形态。

随着车辆技术的进一步发展和马车应用的普及，形成了驿道体系和联系城市之间的驿站系统，促进了城市内部和城市之间的物质及信息的交换效率。由于人对交通方式和目的地的选择相对于当代更加主观自由，城市生活节奏呈现快捷而紧张和自由而欢愉并行的状态。

在马车时代，特别是西方的古希腊时期和东方的春秋战国时期，人们在城市中的活动反映着人文精神的光辉和思想的激烈碰撞。城市作为栖居地，为人们的生活提供了场所空间，城市交通则为人们的各项活动提供了便利和基础的条件支撑。无论是在中国自上而下主导下的城市形态，还是在西方自下而上生长的异国城邦，马车所塑造的城市形态不仅满足着人们生活、生产的需要，而且孕育着居民日常的交流。

随着以东方为起点的"丝绸之路"及西方主导的新航道的开辟，交通技术的发展促进了东、西方的文明交融和商贸往来。"丝绸之路"不仅承担着重要的商贸经济功能，也成为先进科学技术传播的渠道和跨文化交流的重要纽带。早在两千多年前的汉代，使者张骞出使西域并第一次"凿穿"了"丝绸之路"。"凿穿"形象地刻画了古代开拓者的艰辛,"驼峰"上的每一步前行、每一英里开拓都铭刻着前行者的足迹。

无论是西方的道路和广场,还是中国的"朱雀大街""阡陌纵横",人们在城市中一代一代地繁衍,创造着历史与文明,以马车为载体的交通不仅承载着文明的信息不停交换轮转,也决定了城市道路宽度、道路系统布局和城市规模。交通出行方式影响着城市空间和形态的发展变化,进而影响了整个城市的尺度与空间感受。

2.1.2 西方城市和交通的发展关系溯源

在工业革命之前的马车时代,马车和步行主导的慢行交通时代的城市,其交通网络布局模式在很大程度上决定了一定的城市形态。西方朴素人本主义思想形成了以人体尺度衡量建筑和城市空间尺度的观念,反映着自由和欢愉的城市理想与精神(**图2-4**)。

古希腊是西方城市文明的起点,城市街道多围绕广场修建,以便人们交流,其早期城市形态呈现有机生长的特点。自公元前5世纪起,希腊街道界面呈现平直的形态,城市形态演变为棋盘式格局。

古罗马的道路系统成为其举世瞩目的成就,为了军事目的而兴建的道路系统显示着大国的辉煌。古罗马时代是西方奴隶制发展的最高阶段,交通技术的进步为古罗马扩张提供了必要的基础和前提。古罗马由于强大的交通基础设施建造能力,其城市建设得到很大发展,交通基础设施的建设是一个大国成长发展不可或缺的因素。良好的道路系统不仅便于运输军队和补给(**图2-5**),也巩固了国家的统治,同时也因为连接欧洲主要城市而促进了贸易繁荣、经济飞速增长。

图2-4 波拿巴街上的出租马车站
图片来源:wiki百科—《波拿巴街上的出租马车站》

公元476年，西罗马帝国灭亡后，欧洲进入长达一千余年的黑暗中世纪。11～15世纪的欧洲城镇大致分为5大类，其中3类是有机生长的城镇，另2类统称为"规划的新建城镇"。[2]

中世纪早期的西欧城市是有机生长形成的，分为军事要塞型、封建城堡型（**图2-6**、**图2-7**）、商业交通型三大类，城市形态以环形与放射环状居多（**图2-8**）。这期间，步行交通空间获得进一步的发展并兴盛起来，街道界面出现不规则的形态，道路网常以教堂广场为中心放射出去，形成蛛网状的放射环状道路系统。这种系统既符合城市逐步发展、圈层地向外延伸的要求，又能适应设置尽端路和路障以便在巷中迷惑消灭来犯者。后期在"规划的新建城镇"中，街道界面呈现更为规整的棋盘式形态。在13～14世纪的法国、英格兰和威尔士新建的"规划的新建城镇"，道路沿街界面整齐规整，并出于安全防卫的目的，利用法规的限制，使房屋整齐地占满临街面，如法国蒙帕济耶（Monpazier）城镇。

在文艺复兴与巴洛克时期，随着社会文化的发展和透视技术的发明，街道建设更加强化笔直平整的特征，并且美学因素在城市建设中逐步强化，街道立面装饰性更强。建于1560年的意大利乌菲齐宫走廊界面规整、秩序感强（**图2-9**）。

图2-5　在道路上行军的罗马军队
图片来源：romanoimpero站内词条

图2-6　纽伦堡平面
图片来源：《外国城市建设史》（1989年）沈玉麟

图2-7　纽伦堡的铜版画
图片来源：《外国城市建设史》（1989年）沈玉麟

图 2-8 中世纪巴黎平面
图片来源:《空间链接:复合型的城市公共空间与城市交通》(2010年) 钱才云、周扬

图 2-9 乌菲齐宫走廊
图片来源:百度百科-乌菲齐宫走廊词条

以上说明古代城市与道路交通体系体现出高度的重合性和共生性,城市中的道路形成了重要的公共交往空间,是市民交往、集会的重要场所。其路网布局也决定了城市空间的基本型构,从而描绘出古代城市具有生活气息的动态图景。道路因为开敞性和连通性,也成为最能体现城市文化的场所。

2.1.3 中国城市和交通的发展关系溯源

中国早在夏、商时期,马车便被人们用作交通工具。西周时期,在《周礼·考工记》中记载了周代王城的空间布局和道路体系:"匠人营国,方九里,旁三门。国中九经九纬,经涂九轨。左祖右社,前朝后市。市朝一夫"。这其中,不仅对道路空间体系的格局有着精确的描绘,对道路宽度形制也有着严格的规定。道路,被赋予了更多的社会文化含义,被认为是王权统治的重要空间符号。

春秋战国时期局势动荡,社会呈现各种思想流派百家争鸣的繁荣景象。其中,以管子为代表的自然观认为城市建设应遵从"因天才,就地利,故城郭不必中规矩,道路不必中准绳"的原则。另外,法家学派代表作《商君书》从城乡关系、区域经济与交通布局的角度,论述了都邑道路、人口增长与城市发展规模之间的关系。这其中,折射出朴素的适应理论,也就是道路设计规划应与自然条件和社会经济发展情况相适应,成为当代"协同"理论的基础。

秦始皇统一六国后,实行"车同轨,道同距"的统一制度,加之车辆技术得到进一步发展,马车应用进一步普及化,形成了四通八达的驿道体系,以及以咸阳为中心四通八达的道路网络。有学者认为,车辙是最早、最朴素的轨道交通形态,因而在秦始皇统一六国时提出的"车同轨(**图2-10**)、书同文"政策,促进了区域之间和城市内部的交通运输。汉代延续了秦朝的"大一统"局面,道路修筑和养护达到一定水平,在中原之外也开辟了通往中亚、西亚的"丝绸之路"。

隋代修建了世界上最古老、最长的大运河,这对我国水运交通的发展具有里程碑意义,且将兴起于秦汉的驿站制度推行至全国。到了唐代,我国已经建立起完善健全的交通管理机构、严密的交通律令和完善的驿馆制度。在描述北宋东京汴梁的《清明上河图》中,能够清晰地看到街道上熙熙攘攘的行人与马车络绎不绝[3],马车不仅仅是交通工具,更是城市文明与民族文化的载体(**图2-11**)。

中央集权社会体制下的中轴线运用使城市道路交通成为统治者集权意识形态的体现,《周礼·考工记》中所体现的城市营造思想和道路网格系统经历各朝各代的城市营建(**图2-12**),不断强化方格网布局和中轴线的形态,并最终演化成我国古代城市的主导形态,而在历史长河中留下烙印。

图 2-10　秦陵一号铜车马
图片来源:拍摄于甘肃省博物馆

图 2-11　《清明上河图》局部
图片来源:张择端,中国美术史·大师原典系列——张择端·清明上河图. 北京:中信出版社,2016

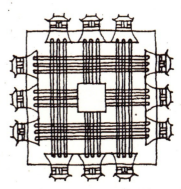

图 2-12　(宋)聂崇义绘《周礼·考工记》中的道路系统
图片来源:中国建筑史(2009年). 潘谷西

2.1.4 区域性交通基础设施——东西方交流视角下的城市

"丝绸之路"不仅承担着重要的商贸经济功能，也成为先进科学技术传播的渠道和跨文化交流的重要纽带。两千多年前的汉代使者张骞出使西域并第一次"凿穿"了"丝绸之路"。新通道、新航道的开辟使不同文明之间充分交流，也促进了商贸往来，交通基础设施从古至今成为商贸与经济的重要支撑（**图2-13**）。

传统上的"丝绸之路"起始于中国古代都城长安，经过中亚地区而到达欧洲，以罗马为终点。从西汉开始，作为重要交通体系的"丝绸之路"已经有了非常清晰的南道、北道之分，《汉书·地理志》中记载，以敦煌为分界线，南、北两道分别绕行天山南麓和北麓，"南道西逾葱岭则出大月氏、安息，北道西逾葱岭则出大宛、康居至黑海"。在当时以驼队为主要交通工具，没有现在意义上的"道路"的历史条件下，驿站以点串线，像散落天山沙漠、戈壁和草原中的明珠，共同编织起著名的"丝绸之路"。在传统条件下，无论是南道的沙漠荒凉还是北道的天山险峻都使得丝路交通格外艰辛，在古代和平时期，水源和食物补给成为丝路重要的制约因素。丝绸、茶叶、香料等也因货物轻、价值高而成为商贸往来的主要货物。

广义"丝绸之路"的概念还包括连接东南亚、阿拉伯半岛至东非地区的"海上丝绸之路"，从蜀地经过峡谷连接缅甸、印度的"南方丝绸之路"和"草原丝绸之路"。这与中国古代航海技术的发展，以及陆上以马匹为主要交通运输方式的驿路、驿站系统的建设密不可分。除了商贸物资，通过广义"丝绸之路"的技术交流还极大地促进了中国交通工具的改进和交通效率的提升。小到从单峰驼到双峰驼的使用，大到从沙石道路到沥青公路的转变，技术进步使交通的效率、运量和运输能力发生了翻天覆地的变化。正如英国学者李·约瑟在《中国科学技术史》

图2-13　各历史时期"丝绸之路"路线的演变

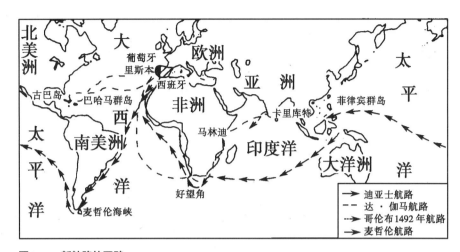

图 2-14 新航路的开辟
图片来源：齐世荣. 新航路的开辟. 北京：北京师范大学出版社，2018：33.

中所提到的，中国古代科学技术进步的影响远远超出中国疆界之外，而对世界文明的进步发挥了积极的促进作用——很多关键科学技术的传输都是以"丝绸之路"为空间载体实现的。

新航路的开辟同"丝绸之路"一样，经历了一段漫长的历史探索进程（**图2-14**）。15世纪初，郑和七下西洋是欧洲地理大发现的航行以前世界历史上规模最大的一系列海上探险，一定程度上促进了东、西方新航路的开辟。15世纪末至16世纪初，欧洲人开辟经大西洋到美洲、绕道非洲南端到达印度的新航线以及第一次环球航行的成功，历史上称为大航海时代，又称地理大发现。地理大发现对世界各国的历史产生了深远影响，促进了全球经济贸易和文化融合，是人类文明进程中最重要的历史之一。[4]

新航路的开辟对中西方文化交流的促进作用体现在：第一，对国际贸易交往和文化交流具有重大影响；第二，大量贵金属流入欧洲，提高了中西方商品交换效率；第三，海路交通方式的拓展增加了西方传教士来华的数量，促进了精神文化的传播。

2.2 工业化时代：探究快捷与紧张的城市变革

2.2.1 交通属性与城市属性的演进关系

进入工业化时代，人们惊奇于科技进步的同时，发现科技进步给城市的尺度和面貌带来日新月异的变化。工业革命引发的技术革命带来了交通方式的变革，铁路、汽车、航空等交通方式相继出现，城市道路系统由二维空间向三维空间发展。交通综合的多样性直接促使交通方式的日益丰富，城市交通效率发生了本质改变，由此促进了城市由静态向动态发展。因此，交通方式的日益丰富和交通效率的日趋提高，使城市形态发生天翻地覆的变化。

在工业革命背景下的交通快速发展时期，一方面，人的出行和货物运输速度快速提高，点对点的移动速度加快，城市尺度进一步增大，拉近了城市与城市之间、城市内部的时空距离；另一方面，城市尺度的无序扩大带来一系列城市问题，城市人口规模急剧扩大，城市人口密度也随之快速增加，城市中出现大量的贫民窟引发居民的身心健康问题，同时导致交通拥堵和交通事故频发，城市的秩序需要强有力的交通规则来维系（**图2-15**）。

高效率的机器大生产迫使人们不得不被动地选择工作目的地，城市呈现快捷而紧张的节奏，马车时代的人文精神丢失了存续与发展的空间。人文主义的缺失引发了思考，城市规划理论从注重艺术设计向科学理性和内在需求转变。与此同时，交通的合理规划布局成为土地开发的重要支撑条件，交通规划与城市规划的协调日趋重要。

2.2.2 交通发展的标志性历史事件

18世纪60年代，以蒸汽机的发明为标志的工业革命开始，英国人瓦特改良蒸汽机之后，由一系列技术革命引起了从手工劳动向动力机器生产转变的重大飞跃，随后向英国乃至整个欧洲大陆传播，19世纪传至北美。伴随着科学技术的发展，城市交通革命逐渐展开，马车被蒸汽机车等新的交通工具所替代。人们出行更加便利，出行方式多样化，扩大了活动半径与范围，城市与城市间的交通也通过最初的铁路连接起来。交通方式的变革引起城市形态的发展变化，尤为突出地体现为城市人口密度的增加，以及城市从平面向着立体发展。

1814年，英国人乔治·斯蒂芬森发明了第一台蒸汽机车，蒸汽机车成为那个时代文化和社会进步的重要标志与关键工具。轨道交通随着工业革命的进展有了重大突破。1825年9月27日，世界历史上第一条真正意义上的铁路在英国正式通车，标志着当时轨道交通的最高水平。1863年，世界上最早的地铁——伦敦大都会地铁建成（**图2-16**），其长度约6.5km，采用蒸汽机车作为牵引动力，成为首条城市轨道交通线路。

图2-15　19世纪伦敦的交通状况
图片来源：伦敦交通博物馆拍摄

图2-16　伦敦地铁修建时的场景
图片来源：大英博物馆拍摄

在北美大陆的第一条城市轨道交通，可以追溯到1867年的纽约地铁一号线，其后纽约的地铁网络成为世界上最为著名的轨道交通体系之一。1879年，在柏林工业展览会上，德国工程师冯·西门子使用电力代替蒸汽机作为动力带动轨道车辆运行，研制出世界上第一辆电力机车。1881年，世界上第一条有轨电车便在柏林投入运行。有轨电车在地铁的基础上扩展了城市轨道交通的范围，而使得更多的中小城市和不具备建地铁的城市能够有机会加入轨道交通城市的行列（**表2-1**）。

工业时代交通方式变革的标志性发明及历史事件　　　表2-1

动力	交通工具	交通方式	年份	标志性事件	发明家（国籍）	事件地点
蒸汽机	蒸汽机轮船	水路	1802	第一艘蒸汽机轮船发明	罗伯特·富尔顿（美国）	巴黎
	蒸汽机车	轨道	1814	第一台蒸汽机车发明	乔治·史蒂芬森（英国）	纽卡斯尔
			1825	第一条铁路通车	—	斯托克顿至达灵顿
			1863	第一条地铁通车	—	伦敦
电力	有轨电车	轨道	1879	第一辆有轨电车发明	冯·西门子（德国）	柏林
			1881	第一条有轨电车通车	—	柏林
	公共汽车	公路	1888	第一辆电动公共汽车发明	华德电气公司	伦敦
	无轨电车	公路	1911	第一辆无轨电车运营	—	布雷得福特
内燃机	内燃机汽车	公路	1885	第一辆内燃机汽车发明	卡尔·本茨（德国）	曼海姆
	公共汽车		1895	第一辆内燃机公共汽车发明	卡尔·本茨（德国）	斯图加特
	飞机	航空	1903	第一架飞机试飞成功	莱特兄弟（美国）	北卡罗来纳

1885年，德国人卡尔·本茨研制出世界上第一辆内燃机汽车，车辆由蒸汽机提供动力转为由内燃机提供动力。随后，卡尔·本茨在1886年申请了汽车发明专利，标志着世界上第一辆汽车诞生。随后在1895年，卡尔·本茨制造了世界上第一辆公共汽车。因此，从历史上来看，城市轨道交通的发明和出现早于常规公共交通，然而在新兴城市和其他发展中城市，通常地面常规公共交通系统会早于轨道交通系统的建设。

19世纪末，随着电力大规模使用的同时，以煤气和汽油为燃料的内燃机技术快速发展。1903年，由莱特兄弟研发的以内燃机为动力的世界上第一架飞机试飞成功，人类开始在除了地下、地面之外的空中活动。飞机的工业发明及其背后的技术演进，对人类社会发展产生了巨大而深远的影响。

在中国，第一条铁路是1876年由英国的怡和洋行在华修建的吴淞铁路。1881年，由于开滦煤矿运输矿物到港口的需求，中国建成了第一条自办铁路——唐胥铁路。近100年之后，中国第一条城市轨道即北京地铁一号线于1969年通车（**图2-17**），成为新中国成立20年的重要工程成就。在完工当年，到北京乘坐地铁已经成为游客来北京，与逛故宫、登长城并列的三项代表性体验。进入21世纪，中国各城市轨道交通线路开始飞速建设。截止到2018年底，中国大陆地区共有35座城市开通185条城市轨道交通运营线路，运营线路总长度达到5761.4km（中国城市轨道交通，2018）。随着这些城市轨道交通的开通，人们的出行行为从慢行系统逐渐开始向大运量、快速交通系统转变，城市的密度和高度也随之向前所未有的水平发展。

2.2.3 交通发展与城市空间形态的演进

工业革命开始后，欧洲城市人口爆炸式增长、公共卫生环境严峻。工业发展也引发了政策制定者对解决各种城市问题途径的深入思考。伴随着城市交通方式和技术进一步变革，城市规划思想也不断地发展与进步。

20世纪初，霍华德提出"田园城市"理论：建设多个小规模的"田园城市"，并通过快速交通联系这些小规模"田园城市"，城市之间保留永久绿带。柯布西耶在《光辉城市》中提出了工业化时代背景下"光辉城市"的构想（**图2-18**），他主张建造大量的摩天大楼和400m×400m的城市交通网络，以降低市中心的建筑密度，缓解城市中心的人口和就业压力。他论证了新的城市布局形式可以容纳一个新型高效的城市交通系统，这个系统将铁路、人、车完全分离的高架道路结合起来，布置在地面以上。这一新城市构想在后来的巴黎改建设计中得到一定程度的反映[5]。

第二次世界大战后复兴时期，一种强调自下而上的市民诉求的规划思想逐渐占据主流地位。凯文·林奇将城市空间构成要素概括为路径、边沿、区域、节点及标志物五种要素之间的

图2-17 北京地铁一号线开通场景

图2-18 "光辉城市"构想下的城市模型
图片来源：勒·柯布西耶著. 吴景祥译. 走向新建筑[M]. 北京：中国建筑工业出版社，1981：180

相互关系。以凯文·林奇的城市意向为代表的城市规划思想强调了人的出行行为模式和空间内在需求，冲击了自上而下的现代主义城市规划思想，认为城市交通和道路系统是城市形态不可缺少的组成要素之一，为当代城市形态理论提供了基础。

20世纪80年代末期在美国兴起的"新城市主义"向城市的郊区化无序蔓延发起挑战，对社区的组织和架构提出了"以人为中心"的基本的组织元素。[6] "新城市主义"的核心理想是，主张恢复传统城市高度连通的方格网式布局，提高公共交通而不是私家车的出行比例，倡导步行与公共交通主导，减少人们对汽车的依赖，提出的未来社区的理想模式是，布局紧凑、功能混合、适宜步行、可支付性及人与环境的可持续性。在"新城市主义"理论指导下，拓展出两种具有代表性的关于城镇社区和邻里开发的模式：一种是TND，即"传统的邻里开发"；另一种是TOD，即"以公共交通为导向的开发"。其中，关于交通系统的规划方向主要针对公共交通的贯连性和步行系统的适宜性，反对快速路和立交桥引发的对城市的割裂效应，推崇"网格状"的紧凑化道路系统布局。

2.3　信息化时代：追求多元而和谐的城市理想

2.3.1　信息通信技术对城市生活和交通出行的影响

信息化、智能化已经使城市生活方式和交通出行特征发生了彻底而深刻的变化。世界各国在21世纪最初10年也都将互联网上升到国家战略高度，如中国提出了"互联网+"行动计划，非常注重互联网对城市空间、城市经济以及城市生活的巨大影响。信息化、智能化以信息通信技术（information and communication technology，ICT）将城市中的实体空间和虚拟空间进行关联，并将区域与城市的所有参与者，包括城市居民、企业、地方和国家政府等广泛地连接起来。

从全球范围来看，越来越多的国家意识到信息化和互联网技术对区域空间结构的改变和互联网时代新秩序的构建。例如，在美国，为了应对互联网时代的新机遇和新挑战，政府展开国家信息基础设施行动（national intelligence initial，NII），根据这一行动计划，信息基础设施的发展将彻底改变人们的生活、工作和联系方式，而地域、距离的限制将逐渐消除。

在考察互联网和ICT对区域、城市、企业和个人活动的影响时，虽然近年来积累了大量研究，但目前尚无一致性的结论。一些学者提出ICT技术本身虽然改变了传统意义上的区位以及要素的连接，或许使传统上边缘地区获得重新发展的优势，然而ICT技术本身并不能消除地区之间的不平等。甚至有学者认为，网络基础设施建设程度的差异而产生的技术鸿沟甚至可以加剧区域之间的不平等性。

与此同时，关于ICT对城市通勤和出行影响的结论也不尽相同，使传统通勤模型悄然发生了改变。一方面，ICT的出现，提供了新的通信方式而可以减少人们的出行机会，尤其是网络购物的普及减少了人们到实体店购物的次数；另一方面，ICT也提供了更多交通出行相关的指引，优化了人们的出行流程和路线，使借助移动终端（智能手机、手环）等的交通工具更加丰富，并得以高效利用，这提升了出行的安全性和舒适程度。[7]

综上所述，ICT的应用已经渗透到城市空间和人们生活的方方面面，ICT与互联网在交通领域的渗透促成了交通行为、交通方式和智能交通体系的出现，这对城市空间和传统通勤模型产生了深远影响；同时，也为人们提供了更多出行辅助，而使出行变得更加容易、舒适和富有意义。例如，全球定位系统、数字地图和实时交通信息，使居民增加了出行的次数和获取旅行信息的能力。

2.3.2　信息化时代下交通属性与城市属性的演进关系

ICT与互联网革新改变了人、物、信息的交换方式，促进了交通行为、交通方式和智能交通体系的变革。ICT的发展优化了人们的出行流程和路线，交通换乘效率的提升也提高了通勤效率，人们对交通方式和换乘方式的选择更加多样化和智能。城市轨道交通等公共交通体系的完善和"站城一体化开发"使城市内部的时空距离进一步拉近，挑战了传统的通勤模型和城市空间（**图2-19**）。

ICT的爆炸式发展不断缩短人、物、信息的时空距离。与马车时代和工业化时代不同的是，城市尺度不再受限于交通速度。以互联网为载体的虚拟交通与实体交通的有序融合为城市的高速发展提供了支撑，人们可以根据需求自由地选择交通出行方式，城市节奏趋于呈现多元而和谐的理想状态。[8]

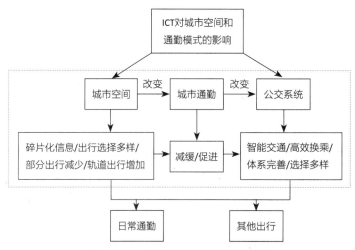

图 2-19　ICT 技术对居民出行的影响机制

信息化时代背景下的城市设计和城市改造越来越关注智能化和人性化，城市文明趋于在交通高速发展的时代回归人本主义，人本导向成为城市交通空间智慧发展的动力，人本主义如何在信息化时代找到立足之地，成为现在与未来交通和城市开发的关注点。同时，数据思维、数据分析和数据设计手段，为未来交通的发展和城市文明建设提供支撑，有助于实现交通基础设施的社会、经济和文化价值的挖掘。

参考文献

[1] 李德华. 城市规划原理（第三版）. 北京：中国建筑工业出版社，2001：16.
[2] （美）刘易斯·芒福德，城市发展史[M]. 宋俊岭，倪文彦译. 北京：中国建筑工业出版社，2005.
[3] 张择端著. 中国美术史·大师原典系列——张择端·清明上河图[M]. 北京：中信出版社图书，2016.
[4] 齐世荣. 新航路的开辟. 北京：北京师范大学出版社，2018.
[5] 勒·柯布西耶著. 走向新建筑. 吴景祥译. 北京：中国建筑工业出版社，1981.
[6] 宋彦，张纯. 美国新城市规划运动的再审视[J]. 国际城市规划，2013，28（1）：53-58.
[7] 张纯，崔璐辰. 互联网时代信息通信技术对通勤行为的影响研究[J]. 西部人居环境学刊，2017，32（1）23-30.
[8] 崔璐辰，张纯. 信息化对城市空间和传统通勤模型重塑的文献综述[J]. 上海城市规划，2016，（3）：46-51.

第3章 理论研究：时空协同理论体系

自20世纪后半叶冷战结束以来，全球化趋势日益加剧。从国际到国内，轨道交通不仅带来速度的提升，也带来城市空间的深刻变革。在城市形态上，国外主要城市如伦敦、巴黎、东京等，均经历了由单中心、圈层式扩张向的轴带发展，再向多中心、网络化发展的演变（**图 3-1**），其分散化的空间发展表现出新的特征。在全球化背景下，全球城市、信息城市、巨型城市、多中心都市区、多中心城市区域等不断出现，网络城市正在崛起，这些新现象表明，区域与区域之间，城市与城市之间，地方与地方之间的联系变得更加重要。而轨道交通作为庞大而关键的流动支撑系统，在城市内部、都市圈和城市群的联系中也将发挥更加重要的作用。

网络城市以及网络社会，更加强调流动要素互动、相互影响的一体化过程。网络城市的发展模式具有多中心、多节点空间结构的基本特征，并有着完善的职能分工或网络整合体系，通过公共交通将城市与郊区间的不同中心节点协同连接，让城市具有最大化的空间组织效应。网络城市的趋势对时空流动性提出了更多要求，而交通系统作为连接未来城市不同中心与节点的关键基础设施，将城市的时空概念重新定义。

进入21世纪，中国正处于历史上前所未有的城市轨道交通高速集中建设期，且已成为全球城市轨道交通建设速度最快的国家。特别是2010年之后，在改革开放后长达30年持续以土地要素为驱动力量的扩张式城镇化之后，大部分中国城市已经进入新一轮以交通基础设施要素为驱动力量的内填式城镇化时期。在城市进入网络化、信息化、全球化快速发展阶段的同时，其也对交通支持系统提出了更多的需求和挑战。这种挑战首先体现在如何处理新与旧的关系上，城市系统综合性、复杂性和动态性决定了轨道与城市协同规划是一项复杂的系统工作。

目前轨道交通与城市发展中存在的新问题，集中反映在空间错位、时间异速和功能失配上，当前城市发展需要揭示其协同的内在规律，探究有效的理论与方法。本章通过建立协同分析的理论框架，根据影响模型、模拟模型与反馈模型三阶段构架，以及相关因素作用的内在关系，提出轨道交通与城市的协同发展核心应体现为空间上匹配、时间上同步和功能上整合。进而，从城市与轨道交通间的时空协同关系出发，在不同层次和尺度上探究轨道交通与城市发展交互动态作用规律。在城市发展的研究中，笔者将研究的视角分为三种不同的尺度：宏观尺度，即城市群与大都市圈；中观尺度，即城市建成区内部；微观尺度，即交通枢纽以及城市街区。

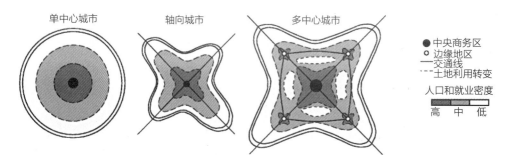

图 3-1　三种典型的城市形态

基于上述相互作用关系，将轨道交通与城市之间的关系进行国内外研究的文献梳理。目前轨道交通与城市空间协同的研究，现有国内外文献主要在三个领域进行探讨，即城市形态对交通的空间影响、交通基础设施对城市发展的时间反馈，以及功能上轨道与土地利用的功能匹配。

3.1 轨道交通与城市形态时空协同理论发展

3.1.1 理论来源与基础

轨道交通与城市发展协同理论源于对城市发展失衡问题的不断剖析，理论的基本框架是针对空间响应、时间响应和功能响应三个方面的理论研究综述与梳理（**表3-1**）。

事实上，在城市规划学科之外，经济学和交通工程学都曾对区位以及交通支持向土地提供的附加价值予以讨论。特别是在古典区位论中，已经积累了很多针对交通如何实现土地价值增值的讨论。在交通经济学中，也将交通基础设施作为克服空间成本的有效方法加以探讨。这些研究为研究轨道交通与城市发展之间的关系提供了基本理论支持，然而在某些领域也体现出局限性。例如，古典区位论和新古典区位论注重空间的绝对距离，而不是考虑交通因素之后的相对距离；而交通运输经济学最初起源于对货运而非客运的考虑。

现代城市规划学科中，职住平衡"新城市主义"和城市形态理论更是将不同功能的土地利用与交通基础设施的关系进行关联性联合讨论，认为适宜的城市布局应体现交通基础设施对城市功能的有机支撑。

轨道交通与城市发展协同理论的理论基础　　　　　　　　　　　　　表3-1

理论	时间	作者	假说	理论观点
古典区位论	1826	J. H. Von Thunen	农业区位论	以城市为中心的"杜能圈"的布局模式：运输费用相对高的作物应种植在接近城镇的地方，而运输费用相对不高的作物应在较远的地方种植
	1909	Alferd Weber	工业区位论	影响企业区位抉择的因素不仅包括运输成本，还应包括劳动力、集聚因素和总体因素
	1933	Walter Christaller	中心地理论	以城市聚落为中心，以市场原则、交通原则和行政原则等中心地原则进行市场区与网络分析
新古典区位论	1948	Edgar M. Hoover	运输区位论	工业的区位趋势是转移成本和规模经济相互作用的结果

续表

理论	时间	作者	假说	理论观点
新古典区位论	1963	S. L. Hakemi	企业区位网络选择	网络点集含有一个最小区位点。含有优区位的点集是有限的，当这些点集是市场区、原料地或节点时，从这些点集中找出优区位点的效果很显著
	1986	Jacques-Francois Thisse	新古典微观区位论	拓展了古典区位论的局限性，用网络、均衡的区位选择工具来研究微观经济体
	1960	Walter Isard	新古典宏观区位论	在古典区位论、早期的市场区位论、区际贸易和国际贸易理论的基础上，对凯恩斯的宏观均衡分析和列昂惕夫投入产出结构等方法进行了拓展
职住平衡理论	1968	Lewis Mumford	就业—居住平衡理论	城市和乡村要在范围更大的生物环境中取得平衡，以及城市内部各种各样的功能之间要取得平衡，而且平衡可以通过采取限制城市的面积、人口数量、居住密度等积极措施来实现
	1945	Eero Saarinen	有机疏散理论	城市作为一个有机体，不能任其自然地凝结为一大块，而要把城市的人口和工作岗位分散到可供其合理发展的离开中心的地方
空间错位理论	1968	John F. Kain	职住空间错位理论	由于就业岗位的郊区化和住房市场上的种族歧视，内城区往往出现黑人居住人口多于适宜就业岗位的状况，从而导致内城区黑人的高失业率、低工资和更长通勤
交通经济学	1964	Ira S.Lowry	土地利用和交通一体化研究	交通需求不仅是要顺应土地利用的发展，交通需求也影响着土地利用的发展，交通对土地利用有反馈作用
	1975	T.C.Koopmans	交通经济学	调整交通经济的结构和布局；正确处理好同其他部门间的比例关系；合理利用人力、财力和物力，以尽可能少的成本和投资获取最大的社会、经济效益
城市形态的可持续发展理论	1981	Kevin Lynch	城市形态的可持续发展理论	城市的物质空间结构、社会功能结构、行为空间结构等形态构成要素之间相互动态良性结合而成
	1993	Andrés Duany	"新城市主义"	倡导高密度发展模式、混合功能使用，鼓励以行人为导向的社区环境
	1973	Dantzig, George B.	紧凑城市	城市发展特征将有效提高土地使用率，减少对汽车的依赖，从而达到可持续发展的目的
	1971	联合国教科文组织	生态城市	强调生态议题和城市空间管理来实现城市的可持续发展，提倡结合绿色设计和太阳能利用的环保城市、绿色城市、可持续发展城市、生态城市、可持续发展社区

3.1.2 协同理论的演进与发展

对城市发展的研究最早起源于区位论理论。区位理论最先研究的是农业中因对土地的不同使用而产生的区位问题，区位论理论首次将经济因素、空间价值与城市发展联系起来。工业革命后，农业对城市聚落的影响逐渐减小，城市多围绕企业集中发展与扩散。[1]重工业及其他工业在区位上的集中以及因铁路运输系统的兴建和国际贸易的增长而引起的工业位移等种种问题成为区位论的研究重点，形成了工业区位论。[2]区位论不仅将城市发展与经济问题结合起来，也考虑到交通基础设施对城市发展产生的重要影响。

工业革命初期，由于铁路的快速发展对经济的发展产生主要的推动作用，运输区位论与中心地理区位论相继被提出。区位论、中心地理区位论、运输区位论等共同组成了古典区位论的理论框架。古典区位论对企业生产和定价的地域空间效应进行了研究，主要关注微观层面的布局均衡。[3]例如，企业选址根据原材料指向型和市场指向型，分别安排在不同的区位。典型的微观层面选择局部均衡模型把产出水平、最小化指标、投入产出的市场价格作为参数。[4]而在现实经济活动中，宏观层面的一般均衡更加重要，由于地貌特征、河流以及道路的影响，区位选择从一条直线演变为平面或拓扑网络。[5]

新古典区位论的产生源于城市发展规模的不断扩大，中观层面和宏观层面出现的问题不断扩大。所以新古典区位论对古典区位论在微观尺度上的探讨进行了拓展。在古典区位论的基础上，放宽某些假设条件，推动对区位选择的研究从局部均衡向一般均衡发展，可以使其更接近现实经济情况。把价格、生产技术变动引入企业区位研究，在古典区位论的基础上，从比较静态和最优化角度分析企业区位选择问题。[6]跳出单一生产区位问题，对多生产区位选择问题进行了一般均衡分析，探讨了网络中企业区位选择的多生产区位点体系均衡条件。跳出固定费率，考虑外生性投入、产出、运费率变动的情况下，研究了企业利润最大化区位选择中的不确定性和风险问题，把它纳入一般企业区位选择分析框架，并对消费者的区位选择问题进行了研究。[3]

区位论的发展历程正是源于交通影响下城市空间发展的不断探索。区位理论最先研究的是农业地租因对土地的不同使用而产生的区位问题。古典区位论对企业生产和定价的地域空间效应进行了研究，主要关注微观区位的布局均衡，忽视了宏观区位选择的一般均衡问题。[7]新古典区位论在古典区位论的基础上加入了中观与微观尺度视角，考虑了不同空间尺度下的空间效应。空间效应关注的重点是随着不同土地利用类型的变化与演进交通网络的发展预测。在网络城市的新型城市形态下，轨道交通与城市发展时空协同关系发生了新的变化。

交通作为城市不可或缺的因素，在探究城市发展的同时，同样应该研究交通对城市形态发展的影响。其中，最主要的理论依据就是交通经济学。交通经济学的发展最初源于货运，特别是依托于铁路的货运，而后随着罗斯福时代高速公路的建设，逐渐发展到对其他交通运输方式的探讨。货物的运输，最初以探讨最优运输距离、最优规模和最优路线等为核心。第二次世界大战后，资本主义世界经济危机的周期加快，使越来越多的经济学家从传统的宏观理论转向部门经济的研究，交通经济理论中的均衡、竞争以及运输产业和价格理论也成为这一时期研究的重点。

国外研究这一学科的主要代表人物及代表作包括：美国的费尔，其主要著作为《交通经济学》（1950）；威廉和特罗克塞尔，其主要著作为《交通经济》（1955）；哈佛大学的迈耶等，他们撰写的《运输产业和竞争经济学》（1959）一书也是较有影响的著作；特别是在20世纪60年代，洛克林的《运输经济学》的出版标志着交通经济学正式成为一门独立的经济科学。但是，国外的有些交通经济学者对洛克林的理论持有异议。到了70年代中期，美国的诺贝尔经济学奖获得者柯普曼在他的"稀少资源的最佳配置"理论中，提出了最优运输计划模式，进一步丰富了交通经济学中的计划与价格的理论体系。80年代以来，国外交通经济学理论有了新的发展趋势。[8,9]其一，这门学科中的交通运输和通信技术理论，越来越多地同自然科学和社会科学中的新成果融合在一起。其二，未来的交通经济学理论将更多与一些新学科的发展交织在一起，如智慧交通、大数据的发展，使得传统交通经济学的研究领域和研究方法更加丰富。其三，多学科交叉的研究方法，使交通经济学理论朝着更加综合化趋势发展。

中国对交通经济理论的研究已有相当长的历史。余松筠的《交通经济学》（1937），是中国最早论述这一学科的专著。20世纪50年代，中国学者通过对东、西方交通运输经济理论的比较、分析，初步形成了运输经济理论。运输经济理论不仅与社会经济宏观发展相关，也与生产力布局相关。70年代，交通经济学在中国逐渐成为独立学科，有关交通经济的研究在政治经济、交通运输、现代化管理和价格理论的研究领域中也越来越活跃。[10]中国著名学者马洪、于光远曾分别就运输业的性质、社会主义交通运输经济中出现的问题发表了独到见解，提出了从整体角度认识交通问题的新观点。80年代以来，中国的交通经济学研究又有新的发展，许多学者分别对交通运输与生产力布局和社会再生产的关系，对运输投资的国民经济效益，运输的管理体制，以及交通经济学的研究对象、方法、结构和理论体系等都提出了新的观点。

从20世纪80年代开始，交通运输研究的重点从货物运输转移到人的流动。研究逐渐关注到，交通对城市的影响在于，对人的流动性产生积极的作用。城市形态的空间影响将土地利用类型作为变量因素，交通网络发展作为结果。而"人"作为城市的主体是具有流动性的，以"人"作为变量思考城市形态与交通之间的关系，交通也在影响着城市形态的变化。

在西方，从20世纪60年代开始提出的职住平衡假设，也就是职住空间错位假说的研究，阐明了交通对城市的影响主要表现在空间响应上，也成为交通与城市发展时空协同的重要支持理论。交通与城市发展之间的关系还包括城市形态的可持续发展理论。[11]80年代中期以后，在美国有三种力量共同促使城市形态重新成为研究热点，即对城市蔓延问题的关注、"新城市主义"的倡导，以及GIS技术的不断成熟。人们希望通过营造良好的城市形态抑制城市蔓延，也能够改善城市中人们的生活品质。这就产生了对近来大量、快速增长的城市形态文献进行多维度、多尺度视角的重新梳理的必要性。在美国城市形态研究中，最新进展分为五个维度，即景观生态形态、城市经济形态、城市交通形态、城市社区形态与城市设计形态。这种设计并不是为了推翻传统城市形态研究的理论源流、建构全面的分类新方法，而是为了便于了解城市形态研究的多维度、多尺度性。[12]城市形态可以理解为城市的"基因",也是产生交通发生量的根本源头——职住错位的城市形态,无法引导出健康可持续的交通流线。后期也很难通过交通基础设施的建设弥补不良城市形态的欠账。

3.2　城市形态的交通影响表现为出行需求增长

3.2.1　城市形态对交通产生的空间影响

城市形态对交通产生的影响,在本书中更加关注空间响应。本书中对城市形态的定义,即城市的布局和开发模式。[12]从广义的概念来看,它不仅包括中文语汇中的"形状"概念,也包括人口、社会、经济、交通等物质空间和非物质空间形态,尤其关注政策可能带来的潜在影响。[13]从交通视角来看,城市形态研究通常在次区域尺度(sub-regional)上展开,聚焦于大都市圈内部交通基础设施建设可能对城市形态产生的影响。[12]在不同尺度下,城市形态与交通相互关系的研究关注点又各有差异。

在宏观尺度下,国内外研究的关注点经历了从交通系统本身、建成环境的影响,再到城市职住空间关系的转移。早期的研究更加关注技术问题,认为交通技术革新可以有效解决城市问题;而后期的研究更加关注人的移动本身和随之产生的生活品质问题。

在北美早期的研究中,通常从交通工程视角出发,关注提升交通效率和移动性。[14~16]其后,更多的研究转向了对建成环境的关注。有学者认为,单独考虑交通网络本身或土地利用因素都不是解决交通问题的"良方",还必须从更宏观的尺度来考虑大都市圈甚至是城市群范围内职住空间的平衡。[17]快速增长的中国城市,其职住错位的问题也逐渐严重。中国城市中的远距离通勤不仅增加了大城市交通压力、引发了交通拥堵,也产生了更加深远的社会影响,使得城市中的弱势群体处于更加不利的境地。[18]

在中、微观尺度,通勤的就业可达性成为直接反映局部职住空间关系和交通基础设施供给的重要指标。就业可达性更容易准确测度人们在寻找就业机会时的可达性水平,也更能够凸显交通基础设施对人们就业的影响,即克服一定阻力,到达期望目的地的难易程度。[19]通勤可达性可以被理解为城市交通形态的核心指标,因其不仅关系到人们从家到就业岗位所付出的时间和经济代价[20],也会影响人们潜在的就业机会,尤其对低收入、女性、少数族裔等弱势群体的影响尤为明显。[21]除了通勤可达性,与生活品质息息相关的可达性还包括到达医院、学校等的就医可达性、就学可达性等。这些影响具体涉及交通方式选择、通勤距离和通勤时间等方面。例如,研究发现,居住在"新城市主义"社区的居民比郊区化社区的居民更容易选择公共交通方式出行;由于用地功能混合,也比较容易在较近的通勤距离之内实现就业。[22]

从空间视角来看，城市形态作为城市"基因"，通过土地利用布局、职住空间关系等方面，对城市交通发生量和出行时间产生根本而深刻的影响。在城市形态理论中，交通相关的研究通常在大都市圈和城市内部尺度展开，关注已有的城市形态给交通出行和通勤行为带来的影响。[23、24]

3.2.2 轨道交通的空间响应

而轨道交通作为连接区域与城市的重要交通基础设施，以及现代不可或缺的一种通勤方式，受来自城市形态变化产生的影响更为深刻。其中，以高速铁路（以下简称"高铁"）为代表的交通基础设施建设带动了区域范围内城市形态的转变，这一现象在全球范围内具有普遍性。跨区域交通基础设施互联互通，成为多辖区之间区域发展实现真正协同的关键因素。

纵观20世纪后半叶，从新中国成立后计划经济体系的建立到向市场经济转型，交通基础设施的建设始终被认为是关系国家命脉的重要工程。特别是随着市场经济转型期的到来，在从普通铁路时代到高铁时代的巨大变革中，无论城市群还是大都市圈层面，城市形态都发生了重要的演变。从宏观尺度和中、微观尺度视角来看，城市形态的概念不仅关注空间层面，也关注区域人口、社会、经济、交通等物质空间和非物质空间形态，尤其聚焦于区域交通基础设施和交通政策可能带来的潜在影响。[12、13]

在传统计划经济时代和铁路作为主导性区域交通方式的作用下，沿着铁路布局的大尺度工业区、靠近火车站的仓储货栈成为城市中不可缺少的组成部分。[25]而在市场经济机制下，高铁和多种交通方式联运，带来了人口、经济前所未有的流动，形成了传统工业衰退、第三产业空间崛起、职住空间分离等新的城市形态特征。从城市形态变化来看，交通基础设施提供了实质性的连接，加强了城市内部和城际之间的交流，也促使城市从孤立单体向城市群发展。从某种意义上来说，城市群的真正协同发展离不开交通基础设施的带动作用。[26]

区域和城市铁路，一直被认为是中国区域联系最重要的交通设施。其中，横跨计划经济时期和市场经济转型期，铁路交通作为一种重要的出行方式，不仅支持了国家尺度长距离、跨区域的大规模出行，也在城市群尺度成为支持跨城日常通勤不可缺少的方式。从区域视角来看，以高铁为代表的交通基础设施建设，在改变人们出行的同时，也使得城市群的城市形态发生了天翻地覆的转变。

在宏观尺度层面，目前的研究集中在高铁网络建成或提升速度带来的区域可达性变化。通常认为，高铁建设会带来极化与均衡两种截然相反的效应，但尚无一致性结论表明哪种力量更强。例如，Vickerma采用网络理论分析欧洲高铁建成后对区域可达性的提升和对欧洲经济发展的影响，其著作被认为是高铁对区域影响的经典之作。[27]按照时空压缩（time-space compression）理论，高铁速度的变化影响了城市网络的时空关系，相对的时间花费重要性上升，而绝对空间距离重要性下降，这对区域空间的重塑产生了重要影响（**图3-2**）。参照这一理论，在20

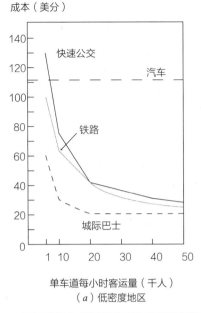 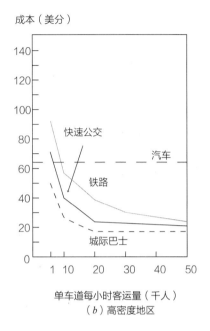

图 3-2　不同交通方式在城市密度不同的区域的成本

图片来源：John R. Meyer, John F. Kain, and Martin Wohl (1965): The Urban Transportation Problem, Harvard University Press

世纪后半叶的欧洲，欧盟国家投入了巨额资金促进跨国、跨区域的高铁建设，这被认为是增进全球化、提升区域移动性和促进区域发展的重要基础设施投入。也有研究关注到高铁建设可能带来的负面影响：在绝对可达性和移动性提升的同时，一些区域和城市的相对可达性反而下降，特别是对于区域边缘地区。例如，有研究表明，高铁建成后，位于边缘区位的西班牙、葡萄牙等地区并没有分享到更多高铁带来的好处，反而进一步被边缘化。[28]

另有学者认为，高铁建设对区域发展的极化和均衡效应同时存在：在宏观尺度上，高铁建设使得区域空间分布更均衡，各城市都能分享到发展的好处；而在微观尺度上，均衡与极化两种效应同时存在，需要结合具体情境和数据支撑的分析才能发现哪种力量的作用更强。可以认为，高铁网络的形成对区域和城市时空关系有着重塑性的影响——极化和均衡两种力量是同时存在的[8]，评估两种力量孰轻孰重又因具体研究区域和研究尺度的差异而有所不同。

在中观尺度层面，目前国内外研究集中于高铁站在城市中的位置及高铁站对城市周边空间的影响等话题。例如，有研究表明，针对城市中心、城市边缘、城市远郊三种不同区位的比较来看，中心区位通常比边缘区位的高铁站更有优势和发展潜力。[29]也有研究发现，高铁站在城市和区域中的选址会促进人口、就业和经济等要素在城市与区域中的重新布局。[30]

在国内高铁站周边空间相关研究中，有学者针对高铁对城市空间的演变作用提出"白昼社区"（day time commuting）的概念，强调中国高铁站大运量的带动作用——形成了每日有着几万到几十万人次的客流量的独特社区。[31]相应地，与"白昼社区"相伴，高铁站附近空间也因为承担着消费、休闲甚至工作等综合功能,而成为对整个城市功能布局有着关键影响的地区。也有学者认为,由于中国高铁站已经从"等待式"向"通过式"转变,目前更多的高铁枢纽采取"建筑综合体"的形式,集中了多样化的服务功能,而与周边城市空间的互动反而更少了。[32]

目前总体来看,国内外研究多集中在交通模型构建、可达性等指标测度等交通本身问题的探讨,而忽视了交通基础设施的建设给城市群的城市形态——空间、社会和经济等综合过程可能带来的影响。从综合的空间视角来看,将城市与城市群的发展和轨道交通相关联的研究与政策分析仍不多见。据此,本书除了关注交通网络的改变带来的可达性变化,更加关注轨道交通给城市和城市群形态带来的深远影响。

3.3 交通基础设施对城市发展的时空效应

城市形态因素对城市交通出行的影响是以一日之内的通勤为基础,从交通需求的视角切入;而基于时空协同理论,除城市形态对交通产生的空间影响之外,交通基础设施的建设对城市形态和城市社会发展在时间周期上也会产生一定的影响,具体表现在交通基础设施对城市发展的带动周期上,发生的时间周期更长,很多情况下需要几年甚至十几年才能显现。在本节中,将从时间视角刻画城市发展对交通基础设施的反馈。

3.3.1 交通影响了城市形态中职住空间关系

在现当代城市形态研究中,交通发挥着不可替代的重要作用。在北美,城市交通形态的研究起源于交通领域、发展于城市规划领域,而兴盛于交通行为—土地利用一体化研究。相应地,研究交通与城市形态互动关系的相关文献,也主要集中在交通网络构型、就业可达性以及交通行为的城市形态影响因素三个话题上。值得关注的是,虽然这些研究是在多尺度展开的,目前从城市交通形态来看,关注重点仍然在宏观尺度的研究,因为通勤行为大多在这个尺度上展开。其中,主要的影响因素包括以下内容。

1. 交通网络构型

从交通工程视角出发,美国交通专家最初对城市形态的关注通常集中在地方道路、高速公路和铁路等城市交通基础设施的网络构型(network configuration)上。衡量和测度网络构型的方法多种多样,其中最简单的方法就是用道路总长度来考察,如有学者采取设置交通站点的交通动脉长度来测度。[14]此外,网络的连接性(connectivity)也成为重要的指标,可以用公路段数与交叉口数量之比[33]或者每公里公路交叉口数量来衡量。

随着美国人口统计数据的精细化、网格化,借助GIS方法可以将不同来源、不同边界的数据进行空间聚合（aggregation），如将来源于人口统计区的数据都统一到交通分析区（TAZ）的边界之内[34]（宋彦，2015）；然后可以依靠GIS网络分析方法计算交通分析区之间依赖交通网络的距离。通常认为大都市圈范围内的职住平衡和商业、就业岗位之间的平衡，会减少长距离通勤的可能，也会提供更多非机动车交通出行的机会（Messengeretal，1996）。[33]

2. 就业可达性

城市规划视角下的可达性衡量，包含对土地利用和城市功能空间分布信息的考虑。对于已经划定交通分析区的区域来说，典型的可达性计算方法是采取重力模型考察起讫点之间的潜力。[19]此外，衡量可达性的另外一种方法就是，指定某个交通分析区及特定路程时间的假设下，用可以达到的就业岗位的数量来衡量。指定时间内可以到达的就业岗位数目越多，通常就业可达性就越好（图3-3）。例如，有学者将华盛顿大都市圈内开私家车30min之内可以到达的就业岗位的总数量作为可达性的指标。[35]

3. 交通行为的城市形态影响因素

到20世纪末，虽然随着技术进步交通网络本身被不断优化，公共交通基础设施的投入也提升了局部的可达性，然而，世界主要大城市的职住空间分离却不断加剧。这种宏观尺度的职住分离使得城市规划者和交通规划师在关注交通技术相关话题的同时，重新从城市群和大都市圈的尺度来思考城市形态对交通行为的影响。在城市形态对交通行为影响的探讨中，目前积累的研究虽然侧重点各异，但是表现出相对一致性的结论。一方面，研究表明，高密度、混合利用以及紧凑的城市形态更易减少机动车的出行机会[36]（Cervero，1994）；另一方面，也有学者认为仅仅改变土地利用或交通网络本身都不是解决交通问题的"良方"，还必须从更宏观的尺度来考虑大都市圈甚至是城市群范围内职住空间的平衡。[17]

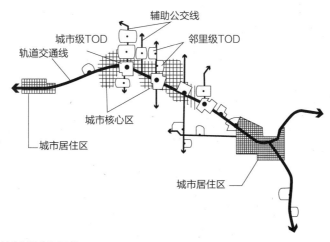

图3-3 交通连接城市就业和居住

图片来源：Calthorpe, P. The next American Metropolis: Ecology, community and the American Dream. Princetan Architectural Press: New York, 1993:104.

3.3.2 轨道交通增强了时间压缩特性

轨道交通基础设施的建设，在带动区域和城市发展方面扮演了重要角色。根据交通区位理论，轨道交通都改变了局部可达性，并促进了人口和经济空间的重塑。[37~39]

在轨道站点对城市空间的影响方面，目前研究集中于轨道交通枢纽站在城市中的位置，及其对城市周边空间的影响等。例如，在国外研究中，针对城市中心、城市边缘、城市远郊三种不同区位，有研究认为中心区位通常比边缘区位的轨道交通枢纽更有优势和发展潜力。也有研究发现，轨道交通枢纽在城市和区域中的选址，会促进人口、就业和经济等要素在城市和区域中的重新布局。[30、40]

在轨道线网对城市空间的影响方面，研究集中在城市交通设施对缩小区域发展差异、提升劳动力就业和转移交通模式的影响。例如，盛来芳（2014）从时空视角研究城市交通网络与城市空间结构的演化机制问题，以城市轨道交通为主要研究对象，运用运输经济理论、交通区位论、城市经济理论建立了基于交通需求与交通供给时空特征的分析框架，发现轨道交通网络对城市时空资源配置方式和配置效率有着深刻的影响。也有研究从城市形态视角出发，通过城市交通形态中的可达性、职住比和人口、经济密度等变量，来考察轨道交通基础设施带动下的城市群和城市的城市形态演变。[41]

国外的研究表明，长时间尺度来看，交通基础设施成为制约经济落后地区经济竞争力的重要因素（European Commission，2004）。因此，公共交通基础设施的不断完善不仅有利于促进地方就业，同时也是改善大都市圈经济发展条件的关键因素。[42]在北美背景下的研究，关注到交通基础设施也是导致土地利用、地表覆盖和建成环境变化的重要因素。

3.4 轨道交通与城市土地利用协同的相关理论研究

城市轨道交通与城市规划关键指标体系相结合，将为跨领域、跨部门之间的数据、资源与管理过程整合提供支撑，通过建立一体化工作平台，将提供理论、数据、方法和技术等全方位的支持。关于轨道交通与城市功能整合的方法与技术，总体上可分为基于土地功能的模型和基于交通出行的模型两大类别。

3.4.1 轨道交通与城市一体化模型

在轨道交通与城市功能整合的方法和技术的理念相关研究中，国外研究关注到交通等重大基础设施投入需要涉及多辖区、多系统之间的协同。特别是在轨道交通与城市规划之间，涉及的部门不仅是两个,而是多个,这使得跨部门协调成为重要议题。

例如,在大都市圈层面,轨道交通与城市规划应关注不同空间辖区之间的系统性和独特性;如果各部门之间缺乏协同,各自为政的政策并不能从根本上解决问题,在重要交通基础设施方面就更是如此。[43]在国内的轨道交通研究中,也开始强调多方协调、共同合作的一体化开发过程的重要性。[24、44]在此背景下,相关学者提出了跨部门轨道交通规划与城市规划的一体化模型,提倡轨道交通规划与城市规划的整合。

在轨道交通与城市功能整合的方法和技术相关研究中,宋彦等基于Urban Sim、LEAM等模型中的情境分析法,选择容积率、建筑密度、土地混合利用程度,以及交通网络连通性和可达性等关键指标,构建了"土地—交通"一体化分析模型,并在城市总体规划与详细规划层面展开应用。[23、45]近年来,在交通与城市交叉研究领域,越来越多的学者对"土地—交通"一体化模型进行不断改进和优化。

例如,有研究以美国10座大城市为例,研讨土地利用和交通整合的指标体系,这些指标主要包括土地密度、土地混合利用程度、网络连接性等。[46]基于这一体系,针对CBD地区高密度的特征,构建了适用于城市中心的模型体系。另有研究采取连续指标构成的面板数据进行回归,在时间维度上将模型进行了扩展。还有研究在指标体系和模型效度上进行优化,识别"土地—交通"一体化模型中最为关键的因子,并根据因子重要性排序。[47]以上这些研究多基于中、微观尺度,是基于城市土地利用的指标和交通发展之间的整合关系进行探讨。

此外,基于交通出行的模型中,越来越多的学者从功能耦合作用出发,对"土地—交通"一体化模型进行不断改进和优化。例如,Cervero基于美国洛杉矶大都市区的研究认为,职住空间关系和土地密度对交通出行量有直接影响,而职住相对接近、功能混合的土地利用可以降低系统中的总体交通发生量。提升土地空间布局的合理性,还可以有效提升人口到达就业岗位的可达性。[19]又如,有学者采取网络优化中的"分配(allocation)"算法,基于线性优化基本概念和芝加哥地区的案例,探讨如何根据已有的就业居住位置等进行规划求解;其后,该研究在时间维度上将模型进行了扩展。

总体上来看,国际上关于城市土地利用与交通功能整合相关研究,在城市轨道交通领域、双向互动方面的研究仍不多见。而中国随着轨道交通近年来快速建设,相关研究快速兴起的同时,在相关理论框架和技术方法等方面还有待深入。

3.4.2 城市轨道交通与土地价值增值

从古典区位理论开始,交通对土地价值增值的"价值捕捉"过程不断受到关注。在古典模型中,阿隆索提出了土地价值模型,用竞租曲线(bid rent curve)建立起交通区位与土地价值之间的经济学度量模型,被视为土地利用模型的早期经典之作。此外,劳瑞的都市模型(model of metropolis)包含的要素更为综合,考虑了职住空间关系在城市土地利用上的重力吸引作用，并且将出行需求作为就业和人口分布的产出。劳瑞模型因首次考虑了就业、居住关系产生交通出行需求之间的互动乘数关系，而成为后来DRAM等模型的基础。

在当代城市发展过程中，通过土地带来增值收益，为交通基础设施提供融资，成为"土地增值（value capture）"过程。可将土地增值过程总结为四层次土地价值增值模型：第一层次体现为土地具有的固有价值；第二层次，随着房屋修建等投入行为产生，土地价值会得到一定程度上涨，通常政府允许土地所有者享有这部分土地增值收益；第三层次是通过公共服务和基础设施等实现的土地增值，如在土地上开发高速公路、轨道交通等基础设施等，这部分收益是土地增值最重要的组成部分；第四层次体现为土地溢价，由人口聚集和生产进步所致，并非由土地所有者的投资产生，因此土地的增值收益应当归公有部门所有，这种土地溢价效益在国内外许多城市中都得以体现。在很多国家，通过征收房产税的方式来实现土地的溢价归公。[48]

3.4.3　TOD理论与应用

TOD（transit-oriented-development）即"以公共交通为导向的开发"模式。这个概念由"新城市主义"代表人物彼得·卡尔索尔普提出，是为了解决第二次世界大战后美国城市的无限制蔓延而采取的一种以公共交通为主导、综合发展的步行化城区模式。其中，公共交通主要是指地铁、轻轨等轨道交通及公交线路，然后以公交站点为中心、以400～800m为半径建立集工作、商业、文化、教育、居住等于一体的城市，以实现各城市组团紧凑型开发的有机协调模式（**图**3-4）。[49]

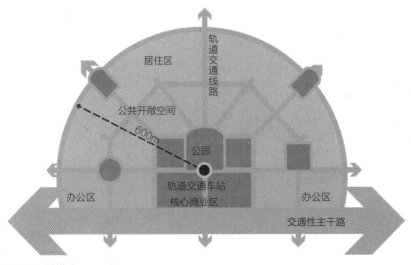

图 3-4　TOD 的用地模式
图片来源：Calthorpe, P. The next American Metropolis: Ecology, community and the American Dream. Princeton Architectural Press: New York, 1993:77.

随着美国"新城市主义"和"精明增长"运动的兴起，TOD逐渐被规划者和设计者所接受，并逐渐成为美国具有代表性的城市社区开发模式，也逐渐被其他国家所采用。同时，TOD也被"新城市主义"倡导者认为是最具代表性的开发模式之一，目前被广泛应用在城市开发中，尤其是在城市尚未成片开发的地区。通过先期对规划发展区的用地以较低的价格进行征用，导入公共交通，形成开发地价的时间差，然后，出售基础设施完善的"熟地"，政府从土地升值的回报中回收公共交通的先期投入。

林艳等（2004）认为以公共交通为导向的城市土地开发（TOD）是城市土地利用与交通规划协调发展的理想模式，是对土地利用与城市交通结合的分析方法最好的诠释。[50]于文波等（2007）从目前公认的社区三个方面的内涵分析了"单位制"社区作为地域空间单位对社区可持续发展的现实意义，对比美国的新规划运动，进一步提出了单位制社区在地域社区营建方面的种种优势，并探讨了在市场经济机制下，利用现有政策、资源进行城市空间宏观调控的可行措施。[51]事实上，在中国城市规划实践中，TOD实施通常规模和尺度更大、速度更快，也更加广泛地应用于新区建设中。例如，在深圳、成都等城市采取以TOD模式进行投（融）资。香港围绕着轨道交通进行了高密度、高质量的开发，不但使地铁客流增加，同时财政收入也大幅提高，弥补了地铁建设和运营费用。

然而也有学者有不同见解，他们认为过大规模的尺度偏离了步行范围可达性的初衷；开发商通常会更加注重住房而非交通基础设施，这使得通常在新区的TOD社区的居民最后不得不依赖小汽车，而背离了"新城市主义"的初衷。

3.5 本章小结

在轨道交通与区域协同发展方面，这些理论探讨的核心问题在于二者空间上匹配、时间上同步和功能上整合。经济学、交通运输学和城市规划学科，共同关注到交通基础设施可以赋予空间的附加价值。例如，古典区位论和新古典区位论，注重交通走廊以及带来的中心性赋予城市的"竞租"价值。而交通经济学理论，从关注货物流动开始，采用运输分配模型，对城市中的人的流动以及效率进行测度。这些研究为探讨交通与城市发展提供了基础而经典的理论依据。

更多的学者意识到除了技术性问题之外，交通与城市的关系还有着更加深远的社会影响。例如，职住错位假设从城市功能的视角，考察城市职住空间不平衡和远距离通勤带来的空间不平等，以及就业机会的局限性。到20世纪末期，"新城市主义""精明增长""紧凑城市"等理论，都是在保护环境、降低能源消耗等背景下，对健康可持续城市形态的探讨。

轨道交通作为大运量的公共交通基础设施，拓展了传统城市规划的研究广度。在时空压缩效应下，速度不仅意味着交通本身的改变，也深刻改变了城市布局和土地利用。轨道交通与城市系统的交互性、快速性与动态性需要建构新的理论框架，以指导后续的评价和案例研究。

参考文献

[1] （德）冯·杜能. 孤立国同农业和国民经济的关系（中译本）[M]. 北京：商务印书馆，1997.

[2] 陈柳钦. 空间经济学的发展动态分析[J]. 湖北经济学院学报，2011，09（1）：63-69.

[3] 涂妍. 古典区位论到新古典区位论：一个综述[J]. 河南师范大学学报（哲学社会科学版），2003，(5)：38-42.

[4] 徐梅. 当代西方区位选择理论研究的新进展——从古典区位论到新古典区位论[J]. 贵州财经大学学报，2004（5）：71-75.

[5] 孙海军. 经济功能区与经济区域形成理论[D]. 天津：南开大学，2010.

[6] 林兰. 技术扩散与高新技术企业技术区位研究——以上海张江高科技园区为例[D]. 上海：华东师范大学，2007.

[7] 孙海军. 经济功能区与经济区域形成理论[D]. 天津：南开大学，2010.

[8] Meyer J, Kain J, and Wohl M. The Urban Transportation Problem. Boston, MA: Harvard University Press, 1965.

[9] 王昊，龙慧. 试论高速铁路网建设对城镇群空间结构的影响[J]. 城市规划，2009，33(04)：41-44.

[10] 邵春福，秦四平. 交通经济学[M]. 北京：人民交通出版社. 2008.

[11] John Punter，于立，叶隽，等. 控制城市形态的可持续发展原则[J]. 国际城市规划，2005(6).

[12] 刘志丹，张纯，宋彦. 促进城市的可持续发展：多维度、多尺度的城市形态研究——中美城市形态研究的综述及启示[J]. 国际城市规划，2012(2)：47-53.

[13] Clifton K, Ewing R, Knaap G, and Song Y. Quantitative Analysis of Urban Form: A Multidisciplinary Review[J]. Journal of Urbanism International Research on Place making & Urban Sustainability, 2008, 1(1):17-45.

[14] Loutzenheiser D. Pedestrian Access to Transit: Model of Walk Trips and Their Design and Urban form Determinants around Bay Area Rapid Transit Stations[J]. Transportation Research Record: Journal of the Transportation Research Board, 1997, 16(4): 40-49.

[15] Frank L, Pivo G. Impacts of Mixed Use and Density on Utilization of Three Modes of Travel: Single-occupant Vehicle, Transit, and Walking[R]. Washington DC, Transportation Research Record, 1994, 44-54.

[16] 刘淑媛，刘莹. 基于城市空间结构和交通区位分析的轨道交通线网布局方法研究[J].经济研究导刊，2013（2）：73-77.

[17] Boarnet M, Crane R. The Influence of Land Use on Travel Behavior: Specification and Estimation Strategies[J]. Transportation Research Part A: Policy and Practice, 2001, 35(9): 823-845.

[18] 周江评，张纯，陈晓键. 中国城市之形态、职住平衡和通行效率研究——以北京、西安和苏州为例[C]// 2016年中国城市交通规划年会论文集，2016.

[19] Handy S L, Niemeier D. Measuring Accessibility:an Exploration of Issues and Alternatives[J]. Environment

and Planning A, 1997, 29(7): 1175-1194.

[20] 朱琳. 城市不同居住区位群体就业可达性差异研究——以上海市为例 [C]. 2013中国城市规划年会论文集，2013.

[21] Grengs J. Job Accessibility and the Modal Mismatchin Detroit[J]. Journal of Transport Geography, 2010, 18(1): 42-54.

[22] 宋彦, 张纯. 美国新城市规划运动的再审视 [J]. 国际城市规划，2013, 28 [1]: 53-58.

[23] Song Y, Ding C. A Review of Land Use and Transportation Integration Tools [J]. Urban Studies, 2005, (2): 54-49.

[24] 于晓萍. 城市轨道交通系统与多中心大都市区协同发展研究 [D]. 北京：交通大学，2016.

[25] French, R. A. Plans, Pragmatism and People: The Legacy of Soviet Planning for Today's Cities[M]. Pittsburgh, PA: University of Pittsburgh Press, 1995.

[26] Zhang C, Xia H, Song Y. Rail Transportation Lead Urban form Change: A Case Study of Beijing[J]. Urban Rail Transit, 2017, 3(1): 15-22.

[27] Vickerman R, Spiekermann K, and WegenerM. Accessibility and Economic Development in Europe[J]. Regional Studies, 1999, 33(1): 1-15.

[28] Gutiérrez J. Location, Economic Potential and Daily Accessibility: an analysis of the accessibility impact of the high-speed line Madrid–Barcelona–French border [J]. Journal of Transport Geography, 2001, 9(4): 229-242.

[29] Ortega E, López E, Monzón A. Territorial Cohesion Impacts of High-speed Rail at Different Planning Levels[J]. Journal of Transport Geography, 2014, 34(1): 16-24.

[30] 李廷智，杨晓梦，赵星烁等. 高速铁路对城市和区域空间发展影响研究综述 [J]. 城市发展研究，2013，20（2）: 71-79.

[31] 王缉宪，林辰辉. 高速铁路对城市空间演变的影响：基于中国特征的分析思路 [J]. 国际城市规划，2011，26（1）: 16-23.

[32] 郑健. 中国铁路已进入高速时代 [J]. 城市轨道交通研究，2010，13（1）: 104.

[33] Messenger T, Ewing R. Transit-oriented Development in the Sun Belt[J]. Transportation Research Record: Journal of the Transportation Research Board, 1996, 1552(1): 145-153.

[34] 宋彦，彭科. 城市空间分析GIS应用指南 [M]. 北京：中国建筑工业出版社，2015.

[35] Calthorpe, P. The Next American Metropolis: Ecology, Community and the American Dream. New York: Princeton Architectural Press, 1993.

[36] Cervero R, Kockelman K. Travel Demand and the 3Ds: Density, Diversity, and Design[J]. Transportation Research Part D Transport & Environment, 1997, 2(3): 199-219.

[37] 赵坚. 城市交通及其塑造城市形态的功能 [J]. 城市问题，2008（5）: 2-6.

[38] 马清裕，张文尝. 北京市居住郊区化分布特征及其影响因素 [J]. 地理研究，2006（1）: 121-130, 188.

[39] 毛保华，郭继孚，陈金川，等. 城市综合交通结构演变的实证研究 [M]. 北京：人民交通出版社，2011.

[40] 赵晖，杨军，刘常平. 轨道沿线居民职住分布及通勤空间组织特征研究——以北京为例 [J]. 经济地理，2011，31（9）: 1445-1451.

[41] 张纯,宋彦,夏海山. 高铁带动下的京津冀城市群城市形态演变 [J]. 北京规划建设，2016（4）: 42-46.

[42] Hall P, Pain K. The Polycentric Metropolis Learning from Mega-City Regions in Europe[M]. London: Earthscan,

2006.

[43] Fleischer M, Kettl D. The Global Public Management Revolution[R]. Washington, DC, the Brookings Institution, 2013.

[44] 陈运来，骆宾汉. 城市轨道交通与土地流联合开发规划探讨[J]. 华中科技大学学报（城市科学版），2005，22：116-120.

[45] 宋彦，李超骕，陈炎，等. 规划支持系统(PSS)在城市规划与决策中的应用路径——美国的经验与启示[J]. 城市发展研究，2017，24(10)：11-18.

[46] Campbell, A. Plan Evaluation and Monitoring in Ten U.S. Cities, and an Assay of Land Use and Transportation Integration Indicators[J]. Social Forces, 2010, 43(2)：167-173.

[47] Schoeman I. Integration of Land Use and Transportation within the CBD of an Intermediate City: A Case Study of Tlokwe Local Municipality, South Africa[C]// Urban Transport. 2013.

[48] 刘志. 城市交通基础设施投融资[J]. 城市交通，2010，8（05）：11-13.

[49] 李智慧，彭科，宋彦，等. 如何制定公共政策来保障TOD的实施?——国际经验介绍及借鉴[J]. 国际城市规划，2011（2）：74-79.

[50] 林艳，邓卫，葛亮. 以公共交通为导向的城市用地开发模式（TOD）研究[J]. 交通运输工程与信息学报，2004，2（4）：90-94.

[51] 于文波，王竹，孟海宁. 中国的"单位制社区"vs美国的TOD社区[J]. 城市规划，2007，23（5）：57-61.

第4章 协同发展的分析技术与方法

在梳理轨道交通与城市协同相关理论的基础上，本章将重点讨论相关的技术与方法。在中国城市快速发展与轨道交通快速建设的背景下，传统的城市形态研究方法和传统数据分析技术不能满足动态情境下的研究需求。随着数据可得性的增加和技术的更新，城市轨道交通与城市协同的研究方法也更为多样。然而，由于轨道交通数据来源的多尺度、多维度和多样性，很难有统一而标准化的方法对所有城市进行一致性的测度，从而适用于中国所有的城市。此外，不同城市在各自发展阶段的轨道交通发展过程中面临的主要问题各异，即使采取统一的指标反映出来的问题可能各不相同。

本章主要介绍轨道交通与城市协同的研究方法、数据来源分类以及主要分析技术。在研究方法中，主要分为常规统计方法和空间分析方法两类。在数据来源方面，则将传统数据与基于网络的新来源数据相混合，分为空间维度、时间维度和功能维度，以及不同的尺度加以归类。针对不同类型的数据需要采取差异化的研究方法，全面介绍各种方法所具备的主要功能、针对数据和预期结果（**表4-1**）。指标遴选则是针对多源、多样的数据结构，对协同研究所需的数据进行降维，从而更有针对性地构建轨道交通与城市协同的方法体系。

研究方法与关键技术的主要功能、针对数据和预期结果 表4-1

尺度分析	研究方法	分类	主要功能	针对数据	预期结果
空间尺度	特征分析法、职住平衡分析法、网络分析法、土地利用分析、人口经济分析	静态数据分析	分析区域与城市尺度的职住空间关系；分析就业岗位的可达性；分析城市与交通之间的耦合性	人口、就业岗位的密度和空间分布；轨道交通网络	区域与城市尺度的交通出行分析；主要居住中心的就业可达性分析
	无人机倾斜摄影与三维分析	三维空间数据分析	对研究区域进行三维模型构建；从三维角度对研究区域进行可视化分析	城市空间数据、建筑信息数据	主要实现研究区域可视化；主要对研究区域进行三维可视化分析
时间尺度	时间序列法	大尺度综合模拟和动态分析	人口、经济、交通、土地利用等多方面的城市发展模拟分析	逐年的人口、土地利用和开发密度数据；交通网络和运量图	动态交互情境下的城市增长模型、模型的可视化
功能尺度	耦合关联分析法	动态数据分析	用于分析轨道交通系统与城市空间系统之间的相互作用关系	轨道交通系统关键指标；城市空间系统主要指标	轨道交通与城市空间系统的互动规律
指标遴选	主成分分析法、层次分析法	关键指标筛选	通过主因子分析识别关键环节和关键因子；通过层次分析法平衡各部门权重	基于城市空间数据和轨道交通集成数据库的直接和间接指标	协同的关键指标体系确立

4.1 协同发展的研究方法

在城市轨道交通与城市协同分析中，研究分析方法起到十分重要的作用。随着城市轨道交通里程增加和网络加密，以及与城市交织关系的进一步紧密，分析和研究方法也不断深入与复杂化。这些方法主要来自于三部分，即以传统计量方法为代表的非空间数据分析方法，以GIS等空间分析软件为代表的空间分析方法，以及以新型数据来源和大数据分析为代表的新型分析方法。其中，在计量统计方法中，相关分析、因果关系、时间序列分析较为常见，代表性的方法包括主成分分析法、层次分析法和耦合分析法等。而在空间分析方法中，基于GIS的网络分析法、3D分析法、可达性分析法等更为多见。针对传统数据无法涉及的精度、广度和规模，面向大数据和新型数据来源的批量化、智能化数据处理更为见长。

总体上，随着数据来源越来越丰富、规模越来越大、相互关联越来越融合，数据分析技术也呈现出以下特征。

（1）时间与空间数据的融合。反映出城市轨道交通基础设施开通前后，城市与轨道的全景式描绘，展现城市轨道交通建设全生命周期中与城市空间全面、系统的影响关系，而不仅仅是某个时间断面反映的问题。

（2）常规数据与开源数据的融合。传统的轨道交通数据多来源于相关部门的内部统计，而来源于网络、带有地理信息标签的数据提供了更多相关的人流、车流与周边环境信息。这些常规传统的统计数据与开源数据相互校检，提供了更加多维的城市与轨道交通数据的描绘，使得分析技术更加立体多样。

（3）数据特征与方法的契合。在面临多元多维度数据、新数据等趋势下，需要针对不同的数据特征选取适当的方法。尤其针对新型数据，通常区别于常规研究方法与技术，需要根据数据本身的特性、基于以往的研究方法进行分析，通常在方法与数据之间的界限更加模糊。

本章内容将依照以上研究方法分为空间、时间和功能三个维度对协同发展的分析技术进行详细介绍。首先将对各方面分析依据和具体内容进行概括性介绍，其次对各方法的概念简介、技术依据和应用发展三个维度进行介绍，最后总结各分析方法在协同发展方面的具体应用和发展。

4.1.1 空间分析方法

空间分析方法主要针对不同来源数据的整合需求，特别是带有地理信息标签的数据，可以采用地理信息系统（GIS）进行空间信息集成，进而借助空间数据进行分析。空间分析方法将为建立从平面到三维立体的数据库，实现空间数据和非空间数据的联合分析提供便利条件。

在空间分析技术方面，以GIS为代表的空间信息处理技术具有强大的分析能力和要素综合能力，能够较好地辅助决策，从而极大地促进相关领域新知识发现和信息再生产。尤其针对城市与轨道交通融合的跨部门分析，GIS显示了强大的数据库基础和计算能力，能够有效管理多源数据，使得空间信息及相关属性信息能够在城市规划领域更好地发挥作用。[1]空间分析成为城市规划领域应用GIS的核心内容，其方法主要包括空间分布、空间形态、空间距离、空间位置、拓扑关系分析等。

关于GIS在轨道交通与城市规划领域的应用，国内外学者也进行了大量探索。相对于专业的交通规划软件（如TransCAD）等，GIS的网络分析法等交通模块对城市其他要素有着更加良好的包容性。可以使城市人口、经济、土地利用和交通等要素之间实现整合与连接。本章中的主要分析法大部分是借助ArcGIS平台而进行的。

然而，在轨道交通与城市发展相互关系的研究方面，单一平台工具的局限性也逐渐显现。例如，GIS平台对原始数据的格式和准确性要求较高，需要较为深入的分析技术，并且工作界面需要专业技术人员才能熟练操作。针对这些局限性，近年来出现了以WebGIS和3DGIS为代表的新型GIS发展趋势。WebGIS即基于网络数据、更加大众化的GIS平台，是传统的GIS在网络上的延伸和发展，具备良好的开放性和可拓展性，为GIS与其他软件的跨平台协作提供了良好的基础。而3DGIS改善了以往GIS数据以平面（或假三维）数据为主的特性，以所见即所得的方式，提供了更加直观展示、分析和模拟轨道交通与城市发展的工具。WebGIS和3DGIS提供了对用户更加友好的交互界面，而使得跨专业沟通更加便利。

大数据与信息化为城市轨道交通与城市规划领域带来了更多机会和挑战，依托GIS平台，本书中用到的主要的空间分析方法包括以下内容。

1. 网络分析法

网络分析法（network analysis）是ArcGIS中一种重要的分析方法，其依据网络拓扑关系，通过考察网络元素的空间及属性数据，以数学理论模型为基础，是对网络的性能特征进行多方面研究的一种分析计算。[1]网络分析方法最初来源于计算机科学中的图论，是研究一项网络工程如何安排并使其运行效果最好的算法。例如，一定资源的最佳分配，从一地到另一地的运输费用最低等，其基本思想则在于人类活动总是趋于按一定目标选择达到最佳效果的空间位置（**图4-1**）。[2]

在引入GIS平台之后，网络中两节点之间的成本可以更为具体，采取基于空间的实际阻力来测量。例如，可以基于实际路网衡量公共服务设施和就业的可达性。采用GIS网络分析法，分析轨道交通对城市空间影响的具体工具包括服务区分析法、OD矩阵分析法等，从而测算城市空间基于城市轨道交通系统的可达性。

在多种可达性中，就业可达性由于关系到人们接近经济机会的可达性而尤为重要。

对于接近特定设施的可达性来说，通常有两种常用的算法，即基于重力模型的平均通勤成本方法，以及一定成本内到达特定设施的累积机会总和。第一种方法对于已经划定交通分析区

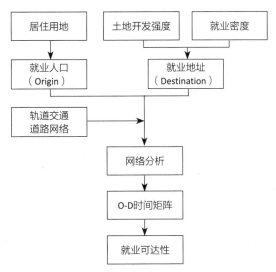

图 4-1　网络分析法的研究框架

（traffic analysis zone, TAZ）的区域更为常用，典型的可达性计算方法是采用重力模型考察起讫点（OD）之间的潜力。第二种方法，即指定某个交通分析区及特定路程时间的假设下，计算可以到达的所有目的地的数量。[3]附近就业机会数量越多，就业可达性也就越好。具体来说，在网络分析模型中，可达性计算方法[4]为：

$$A_i = \sum_j E_j f(C_{ij})$$

式中，A_i 表示生活在 i 区中人群的可达性；C_{ij} 表示 j 区中的就业机会数量；E_j 表示克服阻力的交通时间或距离。其中，i，$j=1, 2, \cdots, N$（交通分析小区或街道）。

国内外已有一些研究利用网络分析法对轨道交通与城市之间的协同关系进行分析。在国外的研究中，基于欧洲的案例，Ortega 等就高铁对城市空间及土地利用影响进行分析发现，高铁建设能够对城市空间发展产生积极影响。[5]与上述观点不同，Gutiérrez 则认为高铁建设对城市空间发展产生负面影响，导致城市中偏远地区的城市更加被边缘化。[6]总体来说，基于网络法提供了一种空间上可度量的可达性分析方法，可以基于轨道交通网络的形态对该网络的可达性做出出行成本的评价。

2. 职住平衡分析法

职住空间关系因为连接着城市中最基本的功能即居住与就业，而作为影响城市总体交通发生量的关键。轨道交通作为大运量的公共交通方式，与城市中主要通勤流线有着密不可分的关联。职住平衡分析法主要用于识别城市中居住和就业的空间分布与集中程度，从而为城市功能分析提供依据。通常采取以街道乡镇或交通分析区（TAZ）为基本单元，考察该单元内扣除没有经济活动能力人口之后，就业人口与居住人口之比。具体方法为，通过GIS空间统计方法，将人口普查、经济单位普查数据与空间单元相叠合，考察城市人口、经济空间分布的规律。城市尺度的职住空间关系与跨区的交通出行需求紧密相关，这将为下一步进行基于轨道交通网络的通勤特征分析提供基础。

职住平衡分析方法，针对前面文献综述中提到的"职住错位"问题，提倡一定范围内的职住平衡。从现代城市规划的观点出发，职住平衡并不仅是狭义地强调就业和居住功能的空间距离接近，而是主张居住和就业功能之间有着便捷的交通基础设施连接。虽然理想的目标是职住空间接近，然而现实中由于土地市场供给和历史因素，真正的职住平衡很难实现，这就需要对职住失衡程度进行测量，而后进行轨道交通线网规划。

根据职住平衡的定义，一般采用一定地理单元内就业—居住比率来测量。即扣除没有劳动能力的人口之后，在给定的地域范围内的就业岗位数量与家庭数量之比，称为职住比（job housing index, JHB）。当职住比值处于0.8～1.2时，便认为该地域基本实现了职住平衡。[7]

在职住比测度中，地域空间单元的界定便成为十分关键的问题，尺度不同，结果会存在很大差异。一般来说，空间单元范围越大，在区内居住人口本区内就业的比例越高，职住平衡度越高；而范围越小，有更多本区内就业的居民去其他区就业，职住平衡率也随之降低。

职住平衡分析可以用于在城市轨道交通线网规划之前，对城市功能分布和主要通勤流线进行分析，并成为轨道交通线网规划的重要依据。然而值得关注的是，改善职住错位可以通过两种方式，即增加公共交通基础设施和优化城市土地利用布局，在进行轨道交通线网规划时，必须对二者加以综合考虑。

3. 人口、经济等要素分布分析

根据交通经济学基本理论，大运量交通基础设施的运营必须维持一定的客流，才能保证后期正常运营。因而，分析城市轨道交通建设的人口、经济和土地等要素的门槛，并对未来发展进行动态预测，对制定轨道交通系统的合理发展规模和空间布局有着重要的作用。

其中，人口总量和分布是城市中最重要的要素，因为轨道交通系统的建设最终体现为"以人为本"和为人服务。经济要素有着同样的作用，通常是城市中吸引交通的重要"锚点"。进行人口、经济总量和空间分布规律分析，可以依托GIS平台，采取行政单元边界与统计数据相叠合的方式，将统计人口、经济要素数值进行空间化展示。同时，可以借助遥感图像等予以补充，反映不在统计范围之内的人口和经济要素分布以及变化规律。

借助GIS的人口、经济要素空间分布注重解决的问题包括：①从统计年鉴中获取最基层行政单元（通常是街道、乡镇）的人口和经济数据，并与GIS底图中的行政区边界连接，得到人口密度、经济（就业）要素密度等分布数据。识别人口密度和经济要素密度的分布规律，并判别城市形态，属于单中心圈层分布、多中心还是带形分布，这些为进行轨道交通线网布局提供了重要依据。②传统的人口密度和经济要素密度计算是假设区域内的人口和经济要素是均匀分

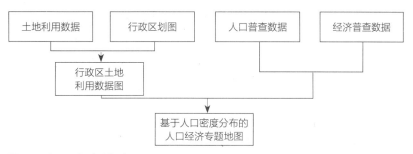

图 4-2　人口、经济分析流程

布的,而实际情况中根据土地利用类型,这些要素可能会在特定地段集中(**图4-2**)。这些可以用遥感识别的土地利用类型加以矫正,尤其在城市边缘和现场交叠地区、城市中心地区等,人口和经济要素会出现明显的陡变。

4. 土地利用分析

土地利用类型和强度与城市功能直接相关,也是影响轨道交通线网布局的重要因素。土地作为城市的空间载体,其类型和密度决定城市功能和轨道交通客流发生机制,其利用强度决定轨道交通客流强度,与轨道交通建设密不可分。土地利用分析主要通过空间分析手段,考察其类型的空间布局、土地利用强度等的空间分布和时间变化规律,以反映轨道交通的影响作用。

在反映土地利用性质、强度、权属和开发时序方面,随着土地利用的日益多样化、复杂化,借助GIS平台进行土地利用分析的优势也更加突出。基于GIS平台的土地利用数据本身具有明显的空间分布等特征,和土地的空间与地理特性非常吻合。自从GIS应用于土地管理以来,土地利用总体规划也取得了突飞猛进的发展:传统的手工数据变成GIS的矢量数据和栅格数据,使得土地的位置、类型及其附着物等各种复杂的空间信息数字化,在计算机中,人们能清楚地知道某一块地的位置坐标、性质内容等信息。随着GIS的不断发展和土地管理工作的需要,传统的二维数据再也不能满足土地利用分析的全面需求,新的方法还包括从遥感数据中直接提取有效信息、从网络POI数据中直接识别土地功能等。在应用上更是增强了空间统计、空间分析等方面的功能,使用者能方便快捷地统计出土地利用的现状和变化趋势。

目前,国内外提供一些开放性平台,可以下载遥感和土地利用数据(**图4-3**)。这些数据库包括:①美国林肯土地政策研究院的网上数据库,积累了全球120座城市百年以来的建成区边界和土地利用变化,并分析了全球土地利用扩张的趋势并进行了各城市对比分析。[8] ②中国科学院地理科学与资源环境研究所的中国科学院资源环境科学数据中心,提供了精度为1km～30m的栅格数据和矢量数据等类型(大部分为30m精度)。

这些土地利用的基本数据和空间分析,为测度城市轨道交通与城市空间交互影响提供了可靠的分析基础。不仅在线路规划和项目选址阶段,在后期建设中,土地利用分析也起到监测和后续评价的重要作用。

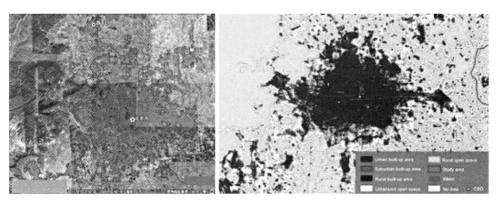

图 4-3　北京市 2014 年的 Landsat 遥感影像（左图）和用地提取（右图）
图片来源：Angel Shlomo. Planet of Cities. Cambridge MA: Lincoln Institute of Land Policy，2012: 37.

目前土地利用空间分析的方法，主要包括测度轨道交通周边土地利用类型的变化、土地开发强度的变化、土地价值增值等几个方面。随着TOD理念的不断深入，这些分析逐渐被轨道交通开发和运营公司所重视，并应用于实践项目中。通常在宏观尺度上，更关注随着区域轨道交通基础设施（高铁、市域快轨）建设等引发的城市化过程，如高铁开通前后的城市建设边界的变化、人口和经济要素的集聚等。在中、微观尺度的分析中，更注重轨道交通线路运营前后站点周边的土地使用类型和强度，是否向最高、最佳价值使用方式转变。在国外的研究中，通常从后期运营视角出发关注土地溢价过程，关注是否可以通过周边物业增值来回收交通基础设施投入的资金。

在具体测度指标方面，Cervero等提出了土地利用与交通互动关系的TOD原则，将密度（density）、多样化（diversity）和城市设计（design）、距离（distance）及目的地可达性（destination accessibility）等指标作为定量考察TOD的设计指标，至今都对国内外轨道交通沿线开发和轨道交通枢纽设计产生着重要影响。[9]

4.1.2　时间分析方法

时间分析方法，是针对面板数据在不同时间点的动态变化进行时间趋势分析的基本方法。该方法以时间数据为维度，对研究对象在此阶段的演变进行分析，观察其特征和变化，总结规律。这种方法强调的是通过对一个区域进行一定时间段内的连续观测，提取有关特征，并分析其变化过程与发展规模。常用的时间分析方法有时间序列法、异速增长法等。

1. 时间序列法

时间序列法是一种统计分析方法，也称时间序列趋势外推法，适用于处于连续过程中的事物的预测。这种方法需要有若干时间截面收集的数据资料，按时间序列排列成数据序列，从而识别其发展变化趋势和相互作用关系，也用于对未来发展进行预测。供预测用的历史数据资料有的变化表现出比较强的规律性，由于它过去的变动趋势将会连续到未来，这样便可以直接利用过去的变动趋势预测未来。[10]通常在城市发展与轨道交通领域，时间趋势变化包括线性增长、指数增长、Logistic增长和周期变化等。但多数的历史数据由于受偶然性因素的影响，其变化不太规则。利用这些资料时，要消除偶然性因素的影响，把时间序列作为随机变量序列，采用算术平均、加权平均和指数平均等先进行平滑处理，来减少偶然因素，以提高预测的准确性。常用的时间序列法有移动平均法、加权移动平均法和指数平均法。

时间序列有4种变动因素：①长期趋势（T），在整个预测期内事物呈现出逐渐增加或渐减的总倾向；②周期变动（C），以某一时间间隔为周期的周期性变动，如每周地铁客流的变化和每日地铁客流变化；③季节变动（S），以一年为周期的周期变动，如一些城市轨道交通冬季客流减少的季节性波动；④偶然变动（I），除上述三种情况之外的不规则变动，又称随机变动。这4种因素的综合模式有加法模式、乘法模式和混合模式。[11]

具体来看，若以时间序列（=1，2，3，…，表示采样时刻）表示，则加法模式的时间序列是上述4种变动因素相加，即（T）+（C）+（S）+（I）；而乘法模式的时间序列则是上述4种变动因素相乘，即（T）×（C）×（S）×（I）。时间序列法分为两类：①不细分4种变动因素而直接利用时间序列数据建立数学模型，进行预测；②对4种变动因素有侧重地进行预处理，从而派生出剔除季节变动法、移动平均法、指数平滑法、自回归法、时间函数拟合法等具体预测方法。[12]

（1）剔除季节变动法。对于明显地存在着季节性变动因素的时间序列数据，通常是先剔除季节性因素，找出平稳值和季节性修正系数。在平稳值预测基础上加以季节性修正，便能获得计及季节性变动的预测。

（2）移动平均法，又称滑动平均法。对于存在着偶然变动因素的较为平稳的时间序列，可以采用这种方法来剔除偶然变动因素，以对平稳的时间序列做出预测。基本方法是利用紧挨着预测期前的一段时间序列数据（如有N个数据），按某种规则求平均值，作为预测值。当预测期在时间上移动时，所采用的时间序列数据（N个数据的个数不变）也随着在时间上移动。其中，一次移动法适用于接近平稳的恒定过程，二次移动平均法适用于线性增长或衰减过程。

（3）指数平滑法。也是加权移动平均法的一种。

（4）自回归法。利用紧挨着预测期前的一段时间序列数据，分别乘以某个系数后叠加求得，用以剔除偶然变动因素。

（5）时间函数拟合法。变量变化规律符合某一时间函数，利用采样数据进行拟合，确定参数，而后外推预测。其中，常用的为多项式形式（陈彦光，2011）。

针对城市发展和轨道交通而言，也存在时间序列发展的特征。

1）Logistic趋势变化

Logistic曲线是反映城市化过程的变化曲线，可用来检验国家或地区的城市化水平和过程（陈彦光等，2005）。这条呈S形的曲线大致分成发展较慢的初期阶段，发展加速的加速阶段和成熟阶段三部分（**图4-4**）。

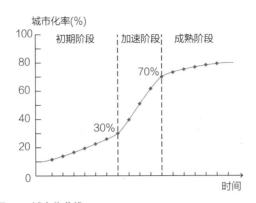

图 4-4　城市化曲线
图片来源：《城乡人口预测方法》，联合国，1974

第一部分为城市发生和发展的初期阶段，城市化发展速度非常慢，城市人口比重很低，大多不到25%，整个社会仍然保留着传统的小农经济和大量散居的农村人口。

第二部分为城市发展的加速阶段，大量农村人口涌向城市，城市人口比重增至60%~70%，城市经济有了很大发展，城市规模日趋扩大，城市数量日益增多。

第三部分为城市发展的成熟阶段，城市人口增长速度与总人口增长速度相当，城市经济在相当一段时间内发展平缓。

与城市化过程相似，城市轨道交通建设发展的总长度或者完善程度也遵循Logistic曲线的时间变化规律，大致可以分为三个阶段：①初期阶段，轨道交通建设刚刚起步，仅有1或2条轨道交通线路，尚不成网，发展较慢；②加速阶段，轨道交通建设快速发展，初步形成网络，规模优势和对城市综合交通带动效应明显；③成熟阶段，轨道交通建设量基本饱和，速度放缓，轨道交通覆盖度良好。然而，由于轨道交通建设扩展过程更加复杂，在演化上呈现出更为多维度的发展历程，很难用固定的曲线来总结抽象。

2）波动变化趋势

虽然在轨道交通建设总量上遵循Logistic曲线原则，从土地溢价的价值角度来看，轨道交通修建的不同阶段，土地价值收益呈现出波动的趋势（**图4-5**）。

第一部分是轨道交通宣布建设阶段，由于轨道交通能够在未来提升周边地区的可达性，提供便捷的交通形式，由于对未来可达性提升的预期，这个阶段土地价值会出现小幅增长。

第二部分为建设阶段，由于建设大规模的投入和建设过程中的噪声污染、交通不便，这个时期整个溢价水平最低，地方建设的债务风险也最高。

第三部分为建成阶段，轨道交通在建成后提升了周边地区的可达性，提供更快速便捷的出行方式，此后阶段土地价值将持续增长。

在国外的研究中，如美国洛杉矶案例中，除了地价之外，还采取房价和办公租金每平方米的单价来衡量轨道交通建成前后的溢价效应。在这个案例中，发现在轻轨周边体现居住功能的

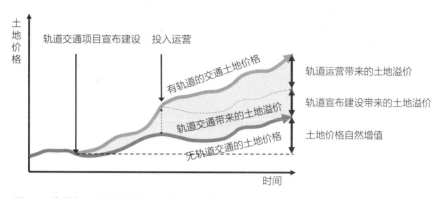

图 4-5 轨道交通对土地价值影响曲线
图片来源：根据Norcen Mcdohald, 2016-10-20北京交通大学讲座整理绘制

房价，在轨道交通宣布要建设之后便有着明显的拐点提升，而体现就业功能的办公室租金却在轨道交通建成运营开始才有明显增长。这反映了相对于房价有着预判和对未来的投资性，就业功能更突出对当下的时效性。[13]

目前，在轨道交通线路客流预测模型中，主要考虑目前全网压力、双向不均衡系数、出入口宽度、关键连接点的通过量等参数，然而结合整座城市发展分析轨道交通客流的研究尚不多见。这导致客流预测的结果主要集中于短时间周期预测中，如用于城市轨道交通应急平台项目中，解决线路车站日常客流运营维护中出现的大客流事件发生的问题。而在中长期时间尺度，特别是与周边土地开发和人口聚集联动效应下，考虑城市内部精细土地利用复杂变化影响的时间效应下，根据时间趋势进行未来客流预测的相关研究仍需要加强。在城市规划研究中，除了研究这些出行客流的空间分布，更加关注客流是如何发生的、从何处而来、与周边建成环境的关系如何。

2. 时间异速模型模拟法

基于异速生长模型的时间分析法，通常在两个相互作用系统的分析中更为常用，突出两系统之间的交互作用和相互关联。例如，最典型的案例是生态学中的狼羊模型和羊兔模型，在一定周期内羊的数量增加，但由于捕猎和分享食物的竞争关系，达到一定阈值之后会周期性地下降，而后又周期性地恢复到正常水平。

基于城市异速生长模型的模拟方法，与时间序列法的不同之处在于，根据两种系统之间的相互机制推导一定时期的发展水平，而不是以历史数据为基础推知未来的发展。

异速生长模型的具体代表是Lotka-Volterra模型。[14、15]这种方法基于数学常微分方程理论，考察一个系统的变化对另一个系统下一个时点的影响，并且引入了两种系统的密切相互作用。Lotka-Volterra模型可以模拟随着交通基础设施建设，居民、就业岗位的产生和消失以及城市空间的变化，并预测其发展趋势。也可以根据设定的轨道交通条件模拟住房和就业单位的选址，如轨道交通设施建成之后企业和家庭住址等变化。具体来说，在轨道交通系统（U）与城市空间系统（V）的模型中，可以引入公式表示t时点之后t+1时点的指标变化，此式可以分析轨道交通系统与城市空间系统之间动态的变化关系。

$$\frac{\Delta U(t)}{\Delta t} = \frac{U(t+1)-U(t)}{(t+1)-t} = (a-b)U(t) + reU(t)V(t)$$

$$\frac{\Delta V(t)}{\Delta t} = \frac{V(t+1)-V(t)}{(t+1)-t} = (c-d)V(t) - qeU(t)V(t)$$

式中，$U(t)$ 为t时点轨道交通的数量；$V(t)$ 为t时点城市空间的数量；a为轨道交通新建通车率；b为轨道交通建设后尚未投入运营的比例；c为城市土地开发新增率；d为城市土地划入建成区后尚未开发的比率；e为轨道交通系统与城市空间系统的耦合度。

考虑到城市空间与轨道交通空间发展是相互加强、相互促进的关系，轨道交通建设容易促使人口、经济等要素向轨道交通沿线集中，而城市的拓展和密度增加又增加了轨道交通基础设施建设的需要。这种方法可以应用于模拟在城市发展中人口规模、经济结构和土地利用等变化情境下，轨道交通系统通勤特征的相应变化，以及轨道交通线网、站点变化下城市空间的相应变化。

4.1.3 功能分析方法

相对于时间分析和空间分析方法，功能耦合分析方法可以结合城市轨道交通与城市数据的结构和特性，从众多纷繁数据中提取关键要素，探讨这些要素之间的层次关联，并揭示轨道交通与城市两个系统之间的耦合互动规律。

目前关于功能分析的方法，以耦合分析法为主。耦合分析法用于分析轨道交通系统与城市空间系统之间的相互作用关系。两系统间良性共振越强，其耦合度就越高，可以深刻刻画其相互加强的作用关系。通常用变异系数来描述系统间耦合度，变异系数越高，系统耦合度越低。反映耦合度的指标包括变异系数和耦合系数。[16、17]

其中，变异系数用来反映轨道交通系统E与城市空间系统F之间的耦合度C。轨道交通系统评价函数$E(x) = \sum_{i=1}^{m} a_i x_i$；城市空间系统综合评价函数$F(y) = \sum_{i=1}^{n} b_i y_i$，其中 i 为描述各系统特征的指标个数，a_i、b_i为指标权重，x_i、y_i为描述各系统特征的第i个指标的标准化值。

变异系数C_v是标准差S与均数$\bar{x}$之比，其公式为

$$C_v = \frac{S}{\bar{x}}$$

式中，C_v为变异系数；S为标准差；$\bar{x}$为平均值。

则两系统间耦合度公式为

$$C = \left\{ \frac{E(x) \cdot F(y)}{\left[\frac{E(x)+F(y)}{2}\right]^2} \right\}^k$$

式中，C 为耦合度；k 为调节系数。耦合度值一般介于 0~1，当 $C=1$ 时，耦合度极大，子系统之间或系统内部要素之间达到良性共振耦合，系统将走向新的有序结构；当 $C=0$ 时，耦合度极小，系统之间或系统内部要素之间处于无序状态，系统将向无序发展。

该方法在本研究中将用于分析轨道交通与城市发展之间的交互作用规律。可以用耦合度来测度城市系统与轨道交通系统发展之间的契合程度（**图4-6**）。围绕城市轨道交通系统与城市两个系统，可以建立如下耦合度测算模型：

$$C_2 = \left\{ (U_1 \cdot U_2) / \left[(U_1+U_2)(U_1-U_2) \right] \right\}^{1/2}$$

在测度轨道交通与城市空间发展的关系时，耦合分析方法是评价两系统之间功能协同程度的重要方法。

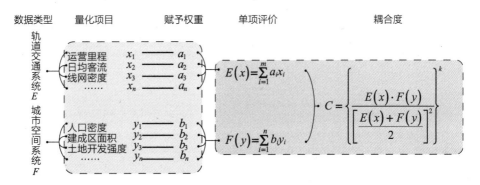

图 4-6　轨道交通与城市协同耦合关联度分析方法

4.2　协同发展的数据

城市轨道交通与城市协同需要来自于两个领域的数据同时支持，需要首先明确数据的维度，这种划分有助于在数据规模、质量上大致匹配。质量良好、精度准确、更新及时的数据有利于反馈二者之间真实的动态关系，也有利于尝试采用新型技术加以分析。

在上述空间分析、时间分析与功能分析方法的基础上，如何有效利用数据支撑这些分析，变大数据为可利用数据，成为本节讨论的主要问题。在数据方面，在传统数据基础上，协同分析所需要的数据有以下特征和变化趋势。

（1）从平面二维数据到包含地理信息的三维数据的转变。随着城市发展和轨道交通建设项目的精细化推进，传统二维数据已经不能概括城市轨道交通与城市协同发展的复杂性和聚合性，还必须体现高密度、高强度综合开发所带来的三维特征。

（2）从截面数据到带有时间信息标签的动态数据的转变。在进行轨道交通与城市发展相关研究中，数据的动态变化趋势也十分重要，反映出轨道交通给城市带来的动态性特征。

（3）从传统统计数据到网络开放数据的转变，数据的精度和细度不断提升。传统数据依然发挥着关键而重要的作用，然而其他来源数据在数据广度、精细度和丰富度方面提供了重要补充。

通常在进行实际分析中，这三种变化趋势是相互交织、密不可分的。对于轨道交通数据与城市数据的构建，应保持实时更新的动态性，并且关注多源数据的时空融合性和多元融合性。例如，在轨道交通方面，市郊铁路、城市轨道交通线路及站点的数据不断变化更新，进出站客流每日不同时段都存在较大差异等，从不同的空间尺度和时间尺度都体现了轨道交通数据的动态变化特性。这些数据中除了来自于轨道交通系统自有的数据之外，另外一些通过手机信令数据、站点附近的出租车浮动车数据、公交车刷卡数据和共享单车数据等，可以作为城市轨道交通客流量研究的辅助数据。在城市发展方面，城市数据库同样快速变化，在中国快速化的城市进程中，建成区用地扩展、城市人口和经济等统计指标每年增长，城市建成环境的变化也需要经常更新。城市数据库的变化体现在统计年鉴数据每年度更新，以及网络开发数据的不定期更新两个方面。除了统计部门掌握的人口、经济和规划部门掌握的用地等数据，还包括来自于网络的大数据，如微博签到、大众点评、Flicker照片等，这些数据提供了作为城市体验者的主观感受，丰富了数据的规模与种类。

基于数据来源和利用分析类型进行分类，从而分别对应时间、空间和功能分析三个维度。

具体来说，如果将城市轨道交通与城市数据在时间、空间、功能三个尺度上进行分类，在不同尺度上拟待探讨的问题也不同（**图4-7**）。

4.2.1 空间维度数据

空间维度数据通常带有地理信息标签，说明数据收集的精确位置，主要对轨道交通和城市的空间格局问题进行研究。空间维度数据主要用于分析空间分布特征，并对城市空间数据—时空格局进行探讨。在城市传统交通地理学和城市形态理论中，强调交通基础设施对区位的改善，以及通过区位改善对城市的集聚作用。相似地，也有学者探讨研究既有的城市空间格局对轨道交通客流强度和不均衡程度的影响。这些数据通常包括职住空间关系在城市中的分布及变化，不同功能中心之间的人口、经济等流动关系等。

总的来说，空间尺度下的数据主要收集城市轨道交通数据、人口分布数据、就业岗位数据、土地利用数据、遥感影像和航拍数据五个方面数据（**表4-2**）。

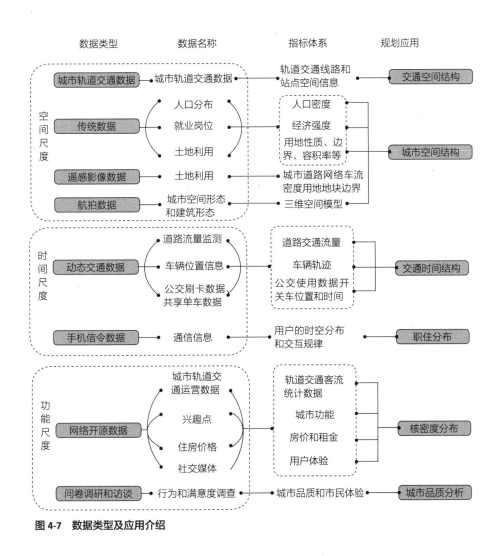

图 4-7 数据类型及应用介绍

空间尺度相关指标 表4-2

数据分析	数据名称	数据来源	采集方式	关键信息提炼
城市轨道交通数据	城市轨道交通	中国城市轨道交通协会	统计公报	轨道交通线路和站点空间信息
人口分布	人口数据	人口普查，城市统计年鉴	年鉴	人口密度
就业岗位	就业数据	经济单位普查，城市统计年鉴		经济强度
土地利用	土地数据	国土部门，中咨数据有限公司高分影像中心	人工，卫星	用地性质、边界、容积率等 城市道路网络 车流密度 用地地块边界
航拍数据	城市空间形态和建筑形态	大疆 Inspire 1、M 600pro	无人机	三维空间模型

1. 城市轨道交通数据

集成空间数据库建立，对于研究轨道交通对城市空间的影响以及城市形态对轨道交通通勤的影响至关重要。截至2019年，已有40座城市开通了轨道交通，具体情况如**表4-3**所示。本书采用的是带有空间信息的轨道交通线路截至2018年的数据。

研究案例从截至2018年12月已经开通轨道交通的35座城市中（**表4-3**），根据城市规模、轨道交通运营总里程、开通运营时间等因素，选择两座代表性的城市作为案例：北京（1969年开通，775.60km）属于轨道交通建设成熟阶段的城市，乌鲁木齐（2018年开通，16.7km）属于轨道交通初步建设阶段的城市，并另选了2018年轨道交通尚在建设中还尚未开通的徐州。这三座城市分别代表了不同发展阶段，以及轨道交通网络尚未成型（徐州）、线状系统（乌鲁木齐）、网状系统（北京）三种不同的网络构型。

这些城市轨道交通相关的新数据来源，有着数据来源、空间范围、数据精度和准确性上的局限；而采取问卷、质性访谈等研究方法可以获得深度、细节性的数据，发掘更多通勤过程中通勤者的体验，可以作为大数据的有益补充。

2019年中国内地已开通城市轨道交通情况汇总表（km）　　　表4-3

序号	城市	总里程	地铁	轻轨	单轨	市域快轨	现代有轨电车	磁浮交通	APM
1	北京	775.60	679.50			77.00	8.90	10.20	
2	上海	801.34	669.50			56.00	40.44	29.10	6.30
3	天津	240.44	180.24	52.30			7.90		
4	重庆	328.38	229.88		98.50				
5	广州	501.00	489.40				7.70		3.90
6	深圳	316.05	304.35				11.70		
7	武汉	382.20	298.00	37.80			46.40		
8	南京	394.30	176.80			200.80	16.70		
9	沈阳	185.42	88.00				97.42		
10	长春	117.60	38.60	61.50			17.50		
11	大连	181.30	54.10	103.80			23.40		
12	成都	431.48	298.18			94.20	39.10		
13	西安	158.81	158.81						
14	哈尔滨	30.60	30.60						
15	苏州	210.10	165.90				44.20		
16	郑州	194.74	151.74			43.00			
17	昆明	88.70	88.70						
18	杭州	132.46	132.46						
19	佛山	28.07	21.50				6.57		

续表

序号	城市	总里程	地铁	轻轨	单轨	市域快轨	现代有轨电车	磁浮交通	APM
20	长沙	100.90	82.30						18.60
21	宁波	96.84	91.23			5.61			
22	无锡	60.90	60.90						
23	南昌	60.38	60.38						
24	兰州	86.90	25.90			61.00			
25	青岛	183.00	49.70			124.50	8.80		
26	淮安	20.10					20.10		
27	福州	54.90	54.90						
28	东莞	37.80	37.80						
29	南宁	81.06	81.06						
30	合肥	89.50	89.50						
31	石家庄	38.37	38.37						
32	贵阳	33.70	33.70						
33	厦门	71.90	71.90						
34	珠海	8.80					8.80		
35	乌鲁木齐	27.50	27.50						
36	温州	53.50				53.50			
37	济南	47.70	47.70						
38	常州	34.24	34.24						
39	徐州	21.97	21.97						
40	呼和浩特	21.72	21.72						
合计		6730.27	5187.02	255.40	98.50	715.61	405.64	57.90	10.20

注：1. 本表格数据来源截至2019年，后文研究案例数据多来自2018年。
2. 沈阳浑南新区有轨电车目前共6条运营线路；实际运营组织中有双线、三线、四线3种不同的共线运营方式；其有轨电车线网建设线路长度为63.56km，实现的运营线路累加长度为97.12km。同样，长春有轨电车目前有两条运营线路，有共线区段；其建设线路长度为12.2km，实现的运营线路累加长度为17.50km。表中所列沈阳、长春两市有轨电车线路的数据为运营线路累加长度。

2. 人口和经济统计数据

在城市空间信息方面，基于街道、乡镇尺度的人口普查和经济单位普查数据，对于分析区域城市尺度的人口密度和就业岗位特征来说尤其重要。这些数据可以从2000年第五次人口普查、2010年第六次人口普查数据及2015年人口抽查数据，以及2004年、2008年、2013年三次基本经济普查数据获得。此外，从2000年到2016年人口和经济宏观的连续面板数据可以从当年《中国城市统计年鉴》获取。

3. 土地利用数据

统计数据是国家根据国民经济和社会发展需要，大约每10年进行一次全国土地调查；根据土地管理工作需要，每年进行土地变更调查，其目的是为查清某一国家、某一地区或某一单位的土地边界、质量、类型及其利用状况，从而开展量测、分析和评价工作，这为城市土地利用提供了基础数据。

4. 遥感和航拍数据

土地利用也可以通过采取遥感数据进行识别处理的方式获取。例如，来源于美国林肯土地政策研究中心兰斯塔德（Landsat）卫星影像的共享计划数据，应用RS插件进行遥感解译，并进行后续分析。基于这些数据可以识别出城市建成区边界，通过进一步遥感解译可以提取出各种类型的用地类型，包括：城市型建成区、郊区型建成区、农村型建成区、城市化的开敞空间、乡村开敞空间以及水域等用地类型；并掌握区域尺度城市的土地利用类型信息，追踪其随时间推移的动态变化。

近年来，随着遥感数据精度改善、关键要素识别技术的提升，遥感影像技术越来越多地被应用于关键要素识别。高清分辨率的遥感影像，为交通基础设施和城市分析提供了更多素材。同时，无人机倾斜摄影技术的兴起，为小面积高精度区域数据采集提供了机遇。采集的倾斜影像带有空间定位标签，利用Context Capture或街景工厂等自动化建模软件进行处理及建模。构建的实景三维模型具有实景、DSM（数字表面模型）、DOM（数据正射影像图）等多种信息，能够结合研究需求进行应用。

4.2.2 时间维度数据

在空间维度数据的基础上，时间维度数据为分析时间趋势变化提供了更多素材。在空间信息的地理标签基础上，时间维度数据体现了时间标签的重要性。这些时间维度数据包括带有时间和地理信息位置的手机信令数据，以及道路和轨道交通流量监测数据，也包括与轨道交通接驳的公交刷卡、共享单车等信息等。

例如，在动态交通数据方面，轨道交通客流数据通常通过地铁刷卡获取，统计作为直接的进站和出站数据，这些数据为判断客流量时间峰值和空间分布提供了依据。而随着交通工具的碎片化和多样化，与轨道交通站接驳的公交、共享单车等数据提供了更为精确的"门到门"数据——这些体现"最后一公里"的交通方式数据，将轨道交通与建成环境的连接以轨迹的方式固定下来。此外，基于手机信令数据支持的职住地识别研究和高频出行目标分布研究，可以准确寻找这些依托轨道交通网络进行要素流动的关联（**表4-4**）。这些时间维度数据体现的要素流动问题，既与城市空间格局、各用地之间的吸引力有着相关关系，也与城市轨道交通的支持程度有着较强的关联。

轨道交通相关的主要数据类型和提炼关键信息　　　　表4-4

数据分析	数据名称	数据来源	采集方式	关键信息提炼
动态交通数据	轨道交通客流量监测	中国城市规划数据研究院	传感器	道路交通流量
	车辆位置信息	全国路网密度检测平台 出租车浮动车数据、公交车GPS		车辆轨迹
	公交刷卡数据 共享单车数据	公共交通和地铁卡中心 ofo共享单车（小黄车）		公交使用数据 开关车锁的位置和时间
手机信令数据	通信信息	中国城市规划数据研究院交通调查信息平台	移动通信商	用户的时空分布和交互规律

1. 动态交通数据

随着大数据趋势下数据的可得性增强，在某一时点的截面数据之外，更多的数据被应用于轨道交通的直接和间接信息。例如，近年来采取新数据、大数据进行城市交通研究的尝试包括：交通小区调查数据用于职住平衡和出行研究，公交和地铁刷卡数据被用于通勤研究，车辆位置信息被用于交通OD分析，道路流量检测被用于交通规划工程等。这些数据中，个体连续的运动轨迹被记录下来，使得从城市建成环境到轨道交通的连接更加清晰，从而便于分析与轨道交通相关的个体出行日志。

2. 手机信令数据

手机信令数据，是手机用户在网络活动中由于与基站连接而形成的信号数据。在开机状态下，手机会与基站产生信号交换，这个信号交换会被记录下来，平均一个人一天能留下大致连续的几十个信号。手机数据能应用于规划研究中，居民行为反映了城市活动的时空特征，居民行为特征和城市空间结构、建成环境是相互作用的，用手机用户密度的大小代表居民日常活动活跃度的强弱，根据不同时间段人的活跃程度来判断城市功能的实现程度，从而间接反映建成环境和城市空间结构。例如，根据夜晚的位置判断居住地点，根据白天经常所在的地点判断就业位置等。然而，手机数据的局限也在于基站的密度和精度，特别是在快速移动中，通常无法准确判别个体速度与准确位置，因而只依靠基站不适用于精确的个体路径和轨迹分析。

4.2.3　功能维度数据

在空间维度和时间维度基础之上，功能维度的数据更加注重两个系统之间的相互作用关系。功能维度数据为探讨轨道交通与其他交通方式之间、轨道交通与城市建成环境之间要素流动的协同问题提供基础，特别是交通与土地利用的整合、TOD模式和蔓延模式下不同情境发展、城市密度与交通流密度之间的关联等。相对于时间维度和空间维度数据大部分来自于客观指标的情况，在功能维度数据中，基于网络的数据和带有主观体验的反馈数据的比例开始增多。例如，兴趣点数据、百度热力图数据，以"用脚投票"反映了城市功能的聚集程度。再如，社交媒体提供了每日、每小时甚至每分钟变化的信息，既反映了人的活动，又体现了人的主观情绪。功能维度数据通常在传统调研方式下难以获取，基于这些新的大数据源进一步分析，细致地剖析了轨道交通与城市建成环境之间的关联。

具体来说，功能维度数据来源和种类分别为：①各城市轨道交通指挥中心收集轨道交通客流统计数据；②各大地图平台收集的关于城市功能的兴趣点数据；③各房地产商、代理商提供的住房价格数据；④从传感器收集的浮动车轨迹数据；⑤从社交媒体平台解析出的用户体验数据；⑥从共享单车平台收集的骑行数据等；⑦采取问卷、访谈等质性研究方法可以获得深度、细节和主观性的数据，发掘更多通勤过程中通勤者的体验，可以作为客观数据的有益补充（**表4-5**）。

城市研究的主要数据类型和提炼关键信息 表4-5

数据分析	数据名称	数据来源	采集方式	关键信息提炼
网络开源数据	城市轨道运营数据	各城市交通指挥中心	数据库	轨道交通客流统计数据
	兴趣点	百度/高德/大众点评	爬虫软件	城市功能
	住房价格	链家地产（网站）	爬虫软件	房价和租金
	社交媒体	微博/推特（twitter）	爬虫软件	用户体验
问卷调研和访谈	行为和满意度调查	问卷调研/质性访谈	问卷和访谈	城市品质和市民体验

功能维度数据将使空间信息与使用者个人的信息更好地关联起来。例如，有学者利用社交媒体签到频次识别了城市内部居民的日常生活轨迹和聚集中心。[18]Batty等利用多种来源的网络数据建立大数据模型，对城市空间格局进行基于GIS的模拟。[19]与传统来源的用地功能类型、建设开发强度等数据相比，基于网络的大数据能够更真实客观地反映城市空间的使用功能状况，弥补了城市基础功能现状数据精度低的不足。这些数据为城市中心区的分布与演变研究提供了高精度的、动态更新的数据源。

以上功能维度数据经过提炼和清洗，进行信息的收集和初步筛选，完成数据库建设的步骤。在大数据趋势下，大数据作为批量化、快速数据来源提供了新的数据来源，然而传统数据来源依然十分重要。在分析轨道交通与城市协同时，将各种来源数据整理为可用的数据库，将为多种研究方法的综合应用提供可靠的数据基础。

4.3 协同发展的分析技术

在上文分析方法和数据的基础上，本节讨论协同发展的关键技术。数据库构建中，面对这些来源多样、格式不一的数据，首先进行数据清洗和数据库构建，便于直接提取最关键的指标进行分析。不仅在数据上，在关键指标遴选上，各来源收集的指标存在冗余、重复与数量众多的特征，所以需要通过一定的方法对指标进行筛选和分类，剔除相关性低的因子，遴选出与研究相关性较高的指标，而在下一章中，将主要讨论如何进行关键指标遴选和构建评价体系。在本节中，主要介绍主成分分析法和层次分析法两种简化与降维技术，以及通过无人机摄影和三维建模技术收集数据。

4.3.1 主成分分析法

在构建城市轨道交通与城市发展数据库之后，首先面临的问题是数据信息量过载。无论在《城市轨道交通年报》还是《城市统计年鉴》中，面对几十个领域上百条指标，首要任务在于如何进行数据轻量化，即采用最少的数据刻画出最主要的维度和数据特征。根据轨道交通与城市的静态和动态分析可以得到一系列分析指标，可以通过主成分分析法识别关键的影响环节和影响因子。

主成分分析法可以用于提取、甄别和筛选轨道交通与城市协同动态规律中的关键环节和关键因子，生成特征根而排除多重共线性（multicollinearity）的影响。主成分（principal components）分析法最早可以追溯到Karl Pearson于1901年开创的非随机变量的多元转换分析，这种方法有助于后期更好地展开因子分析，提取其中的关键问题，从而更好地从系统的观点解决问题。[11、20]

假定一组（标准化）数据，协方差矩阵也就是相关系数矩阵。现在定义一个新的函数形式为

$$P = [x_1 x_2 x_3 \cdots x_m] \begin{bmatrix} v_{11} v_{12} \cdots v_{1m} \\ v_{21} v_{22} \cdots v_{2m} \\ \vdots \; \vdots \; \vdots \; \vdots \\ v_{n1} v_{n2} \cdots v_{nm} \end{bmatrix} \begin{bmatrix} x_1 \\ x_2 \\ \vdots \\ x_m \end{bmatrix}$$

$$= \sum_{j=1}^{m} \sum_{k=1}^{m} v_{jk} x_j^T x_k$$

主成分分析的基本思想就是寻找一批新的变量（$j=1, 2, \cdots, m$）代替原始变量，并且满足：其一，x的适量信息；其二，z的各变量之间线性无关。因此，主成分分析就是要找到一个正交矩阵P，使得$X=PZ$。进行变换后，原变量之间的相关性便被消除，具体的计算可由SPSS等计算软件实现。

值得关注的是，主成分特征根的命名和解释通常最为关键。主成分特征根通常是包含多个指标的因子载荷而反映出来的综合维度，而非单一指标能表征的。此外，单一指标有可能在多个主成分特征根中都有载荷，但是反映的向量含义并不相同。如何解读这些主成分特征根，并利用这些特征根刻画所在城市轨道交通与城市发展主要特征，成为主成分分析法的主要应用点。

4.3.2 层次分析法

通过层次分析法（AHP）可以针对海量数据，结合轨道交通与城市复合系统中的指标多元化、复杂化、层次化特点，获得考虑层次与各权重下的不同指标体系构建。层次分析法的优势在于，可以根据研究的重点给不同领域中的因子予以不同的权重，从而体现研究过程中侧重点的差异。例如，在轨道交通协同课题中，可以根据研究侧重点，选择总量（轨道交通总长度、城市总人口、建成区面积）、强度（轨道交通客流量、城市密度）等方面的指标，分别进行权重赋值以突出某方面协同性特征。

层次分析法是一种多目标体系下决策的方法，适用于多部门、多目标、多指标综合考虑下的科学决策。这种方法源自美国运筹学家T. L. Saaty于20世纪70年代提出的"分析的递阶过程（analytic hierarchy process，AHP）"。层次分析法依据来自多元系统的决策经验展开定量分析，因而在指标结构复杂的情况下更适合应用。[21、22]

层次分析模型的建设思想大致为：无论进行何种决策，首先都会有一个目标。在这个目标下都会有一系列的选择方案。方案的遴选是为了更好地实现目标，但如何甄别方案却要根据一定的准则进行。准则根据目标设定，方案根据准则遴选，于是构成了一个层次分析模型。

具体方法为：设有n件物体，它们的质量分别是w_1、w_2、w_3…w_n。两两比较这些物体的质量，其比值可以构成$n \times n$阶矩阵。

$$A = \begin{bmatrix} w_1/w_1 & w_1/w_2 & \cdots & w_1/w_n \\ w_2/w_1 & w_2/w_2 & \cdots & w_2/w_n \\ \vdots & \vdots & & \vdots \\ w_n/w_1 & w_n/w_2 & \cdots & w_n/w_n \end{bmatrix}$$

若用质量向量$W = \begin{bmatrix} w_1 & w_2 & \cdots & w_n \end{bmatrix}^T$右乘矩阵$A$，得到

$$AW = \begin{bmatrix} w_1/w_1 & w_1/w_2 & \cdots & w_1/w_n \\ w_2/w_1 & w_2/w_2 & \cdots & w_2/w_n \\ \vdots & \vdots & & \vdots \\ w_n/w_1 & w_n/w_2 & \cdots & w_n/w_n \end{bmatrix} \begin{bmatrix} w_1 \\ w_2 \\ \vdots \\ w_n \end{bmatrix} = n \begin{bmatrix} w_1 \\ w_2 \\ \vdots \\ w_n \end{bmatrix} = nW$$

在AW基础上，通过经验分析、专家打分或者Delphi法等，对A矩阵进行赋值，给出两两比较的相对权重，其结果记为矩阵。可以证明，如果正矩阵A具有唯一非零最大特征值，且给出的判断矩阵满足条件，则该矩阵具有完全的一致性。当判断矩阵完全符合实际时，可以建立判断一致性指标

$$C.I = \frac{\lambda_{max} - n}{n-1} = \frac{-\sum_{\lambda \neq \lambda_{max}} \lambda_i}{n-1}$$

然而，层次分析法在应用中也有一些局限。例如，层次分析法依靠专家打分，而专家的背景和价值观倾向会比较明显地影响权重赋值。尤其是在交叉领域进行研究，轨道交通领域和城市领域专家的视角可能会截然不同。

城市空间与土地利用评价是一个多层次复杂的系统，评价指标体系的构建和运行需要多种评价方法的支持，在本书介绍的方法之外，结合不同的数据特征和来源，还可能有更多种方法。在应用时通常需要综合多种方法，并对各种方法的应用效果加以筛选，最终选择最优方法。

4.3.3 无人机倾斜摄影和三维建模技术

随着轨道交通与城市土地利用一体化研究的进一步深入，新兴数据来源及更加微观、细致的实景和直观的三维数据获取成为城市数据研究不可缺少的因素。例如，轨道交通站点周边的城市土地利用密度、建筑形态、商业活力等；在城市轨道交通，特别是轻轨与市郊铁路维护中，也可以采取无人机设定航道，对轨道类线性基础设施进行巡检。

其中，无人机倾斜摄影技术是近几年测绘遥感领域的新兴技术，并逐渐被应用于城市规划领域。[23]倾斜摄影主要通过在摄影平台上搭载多台传感器，从多角度采集数据图像，并经软件建模后获得三维模型。这种技术不仅能反映真实地表顶面及侧面高分辨率信息，而且嵌入了准确的地理信息。[24]近期小型、轻型无人机的发展为倾斜摄影技术提供了快速、简便、低成本获得图形影像数据的方法。[25]

倾斜摄影技术是测绘领域新兴的一项对地观测技术，通常通过无人机搭载摄影设备进行地物的倾斜数据采集，并能够快速实现所测地物的实景模型构建。[25]无人机和倾斜摄影技术可以与GIS平台对接而生成数字表面模型（digital surface model，DSM），其本身便具备可量测的三维空间信息，同时它具有的地物真实纹理也实现了可视化方式的转变。

近年来，随着无人机技术发展和小型机的普及，无人机影像提取技术也取得了飞速发展。从2010年开始，倾斜摄影技术引入中国，并在2014年实现了基于微型无人机倾斜摄影技术体系，使相关技术方法的应用难度和成本进一步降低。微型无人机倾斜摄影的出现弥补了小面积高精度遥感产品的空白，被广泛地应用于灾后应急测绘、不动产登记、文物保护等领域。由于倾斜摄影精度能够满足现阶段城市规划设计工作对大比例尺成图的精度要求，能同时输出真三维模型为城市形态分析提供基础模型[26]，也被广泛应用于交通枢纽地区的城市空间分析和设计；尤其是，用于分析轨道交通综合体和站前广场等的更新改造设计，为其提供了基础的三维信息和直观描绘。

4.4 本章小结

本章主要讨论轨道交通与城市协同研究的方法、数据和关键技术。在轨道交通快速建设时期，城市空间和轨道交通都发生了重要变化，这些变化需要基于传统数据与大数据结合进行规律揭示和变化预测。一方面传统数据来源依然重要，而另一方面大数据在反映城市空间本质上，与传统城市空间数据又在数据来源、分析方法和应用技术上有着本质的区别。

首先，在方法上，在城市规划与城市轨道交通之间，尚需建立具有集成和整合功能的研究方法体系，改变传统上依靠单一工具技术、分析单一要素和流动的局限，形成针对城市中心区空间跨系统、跨区域、整合化的规划支持系统。

其次，在数据上，无论在城市规划还是轨道交通领域，对于大数据的认知，大多停留在对有限要素的可视化、特征描述和解释层面。目前对于城市与轨道交通数据的结构、层次、特征和趋向，缺乏全景式的描绘和"一张图"式的整合。

最后，在技术上，需要一方面沿袭已有的技术方法，另一方面采取"数据驱动"的新范式，形成基于大数据的具有动态性、集成性和交互性特征的轨道交通与城市互动技术。以此主动应对信息化和大数据的思潮、构建适用于城市中心区空间的数据变化模型，指导城市轨道交通合理发展。

参考文献

[1] 宋彦，彭科. 城市空间分析GIS应用指南[M]. 北京：中国建筑工业出版社，2015.

[2] 高勇，刘瑜，邬伦. GIS网络分析的动态分段方法与实现[J]. 地理与地理信息科学，2003，19(4)：41-44.

[3] Wachs M, Kumagai G. Physical Accessibility As a Social Indicator[J]. Socio-Economic Planning Sciences, 1973, 7(5):437-456.

[4] Handy S L, Niemeier D. Measuring Accessibility: an Exploration of Issues and Alternatives[J]. Environment and Planning A, 1997, 29(7): 1175-1194.

[5] Ortega E, López E, Monzón A. Territorial Cohesion Impacts of High-speed Rail at Different Planning Levels[J]. Journal of Transport Geography, 2014, 34(1): 16-24.

[6] Gutiérrez J. Location, Economic Potential and Daily Accessibility: an Analysis of the Accessibility Impact of the High-speed Line Madrid–Barcelona–French Border [J]. Journal of Transport Geography, 2001, 9(4):229-242.

[7] 张纯，易成栋，宋彦. 北京市职住空间关系特征及变化研究——基于第五、六次人口普查和2001、

2008年经济普查数据的实证分析［J］. 城市规划，2016，40（10）：59-64.
[8] Shlomo A. Planet of Cities[M]. Cambridge, MA: Lincoln Institute of Land Policy Press, 2012.
[9] Cervero R, Kockelman K. Travel Demand and the 3Ds: Density, Diversity, and Design[J]. Transportation Research Part D: Transport and Environment, 1997, 2(3): 199-219.
[10] 张贤达. 时间序列分析——高阶统计量方法［M］. 北京：清华大学出版社，1996.
[11] 陈彦光. 地理数学方法：基础和应用［M］. 北京：科学出版社，2011.
[12] 陈彦光，周一星. 城市化. Logistic过程的阶段划分及其空间解释——对Northam曲线的修正与发展［J］. 经济地理，2005，25（6）：817-822.
[13] Schuetz J, Giuliano G, Shin E J. Is Los Angeles Becoming Transit Oriented?[J]. Finance & Economics Discussion, 2015: 1-54(working paper).
[14] 韩文轩，方精云. 幂指数异速生长机制模型综述［J］. 植物生态学报，2008，32（4）：951-960.
[15] 李兴莉，申虎兰，冯玉广. Logistic和Lotka-Volterra模型参数的灰色估计方法研究［J］. 大学数学，2004, 20(6)：82-87.
[16] 刘耀彬，李仁东，宋学锋. 中国城市化与生态环境耦合度分析［J］. 自然资源学报，2005，20（1）：105-112.
[17] 王琦，陈才. 产业集群与区域经济空间的耦合度分析［J］. 地理科学，2008，28（2）：145-149.
[18] Hasan, Ukkusuri, Satish V. Urban Activity Pattern Classification Using Topic Models from Online Geo-location Data[J]. Transportation Research Part C Emerging Technologies, 2014, 44(4):363-381.
[19] Batty M. Big Data, Smart Cities and City Planning[J]. Dialogues in Human Geography, 2013, 3(3)：274-279.
[20] 童其慧. 主成分分析方法在指标综合评价中的应用［J］. 北京理工大学学报（社会科学版），2002，4（1）：59-61.
[21] 张吉军. 模糊层次分析法（FAHP）［J］. 模糊系统与数学，2000，14（2）：80-88.
[22] 骆正清，杨善林. 层次分析法中几种标度的比较［J］. 系统工程理论与实践，2004，24（9）：51-60.
[23] 杨国东，王民水. 倾斜摄影测量技术应用及展望[J].测绘与空间地理信息，2016，39（01）：13-15、18.
[24] 王琳，吴正鹏，姜兴钰等. 无人机倾斜摄影技术在三维城市建模中的应用［J］. 测绘与空间地理信息，2015，38（12）：30-32.
[25] 李安福，曾政祥，吴晓明. 浅析国内倾斜摄影技术的发展［J］. 测绘与空间地理信息，2014，37（9）：57-59、62.
[26] ElMekawy M, Ostman A. Semantic Mapping: an Ontology Engineering Method for Integrating Building Models in IFC and City GML[C].// Proceedings of the 3rd ISDE Digital Earth Summit. 2010.

第5章 城市轨道交通与城市空间协同发展评价体系构建

本章将以城市为基本单元，在收集轨道交通与城市发展数据基础上，对两系统的协同程度进行评价。值得关注的是，协同发展指数本身并无高低优劣之分，而是描述城市不同增长过程中所处的不同阶段。正如测试快速成长的青少年发展中的一些指标，城市轨道交通与城市协同匹配程度高低只是反映各指标的同步程度，而非反映绝对数值。协同程度高的城市仅仅代表轨道交通与城市发展的匹配性较好，并不表示轨道交通建设的完善和良好程度。

在最近10年间，我国各城市的轨道交通建设快速发展，全国轨道交通里程榜的数据日新月异，掀起了轨道交通建设的热潮。针对这种趋势，国务院办公厅发布《关于进一步加强城市轨道交通规划建设管理的意见》（国办发〔2018〕52号）（以下简称"52号文"），针对全国轨道交通建设可能存在的问题进行规范，面对近年来轨道交通建设"过热"的情况，进一步提高门槛、控制节奏、防控政府债务风险，保证城市轨道交通健康持续发展。52号文出台的背景在于防范一些城市轨道交通建设过热、过快，出现与城市发展实际情况相脱节的现象。52号文在《关于加强城市快速轨道交通建设管理的通知》（国办发〔2003〕81号）的基础上进一步提高了轨道交通建设的人口、经济、负债等门槛。然而，如何结合各自城市的特征，系统化、条理化地对轨道交通协同程度进行评价，使建设效益最大化，成为目前轨道交通领域亟待解决的问题。

城市轨道交通与城市空间协同发展的问题，关键在于空间、时间与功能三个维度：其一，轨道交通与城市在空间布局上是否匹配，轨道交通建设量相对于城市发展是不足或是过量的，供给关系如何；其二，轨道交通建设的时间点是否合理，当城市发展到什么阶段进行轨道交通建设对城市而言相对合理；其三，轨道交通建设与城市在功能布局上是否耦合，在功能上是否达到城市轨道交通与城市空间较好的逻辑自洽。

因而，构建城市轨道交通与城市空间协同发展评价体系，不仅能够在实践上指导轨道交通合理的建设量，有效调节城市轨道交通供给关系，还能够在建设时间上提出预测，避免轨道交通建设超前或滞后的情况发生，从而避免对运营造成负担。同时，评价城市轨道交通与城市空间在功能上的协同，为轨道交通建设和城市空间达到更深层次的协同提供理论依据与支持。

目前在轨道交通与城市协同方面，很多学者围绕二者之间协同发展评价展开了研究，这类研究可以分为两类：第一类研究着重探讨如何评价城市轨道交通与城市空间协同发展，即对"协同"的内涵和外延进行研究；第二类研究则是基于不同理论和研究需求，在不同维度上探索评价指标体系的构建。

在轨道交通与城市空间协同发展的内涵以及评定维度方面，潘海啸（2005）以轨道交通站点与城市公共活动中心两类空间节点的耦合为切入点，总结站点体系与城市中心之间协调或耦合机制，并提出基于可操作目标的模式，构建空间组织指标及策略。[1]刘兴泰（2005）结合基于"点—轴"发展系统理论、分步发展理论和联合开发理论进行轨道交通线网规划的设想，并提出"联合开发效益性指标"的线网规划评价体系。[2]金锋（2007）论述了城市拓展和轨道交通规划一体化的观点，并介绍了北京市规划委员会结合轨道交通亦庄线"两站一街"地区城市设计方案征集，对城市开发与轨道交通建设同步实施措施进行探讨，即"五个一体化"：规划机构一体化，规划要求一体化，规划成果一体化，规划评价一体化，行政与技术一体化。[3]王荻（2007）研究了轨道交通规划未能完全融入城市总体规划的可能原因，提出非法定规划可以作为契合点对轨道交通规划和城市规划两个体系的整合发挥作用，但是需要立足于法定规划的平台之上；两者之间的有效结合不仅取决于两体系相互间的互动，更取决于各自特别是城市规划体系的完善。[4]王玉萍等（2008）提出应用轨道交通网络中位点与城市形态的重心吻合度、轨道交通网络分形维度与城市分形维度的一致性指数、轨道交通与城市人口在方位上分配的相似度三个指标来界定轨道交通网络与城市形态的综合协调指数。[5]顾保南等（2010）认为，影响城市轨道交通线网规划方案质量的不只是"综合评价"，还有值得重视的方案形成过程中的"过程性评价"。[6]

在评价方法的选择上，近年来，国内外学者对城市交通与土地利用、城市交通与城市空间协同发展的研究已经逐渐从宏观上二者相互关系的定性分析，转向通过理论模型考察协调性的定量分析。从研究方法来看，常用的分析方法和模型包括：①基于协同学理论和系统动力学理论来衡量二者协调程度；②利用数据包络分析法，使用相对效率值描述系统投入产出效应；③基于模糊数学和层次分析法的模糊和层次分析法；④利用耦合度理论来表征城市交通与城市发展的协调性。当然，也有不少学者在探讨上述方法的特点和局限性的基础上，尝试对理论模型进行优化和整合，从而提高实证分析的严谨性和研究结果的科学性。

然而，面临多样的城市结构与形态，如何采取科学手段和适当的数据对城市轨道交通与城市建设发展的协同状况进行评估？目前52号文中，仅从地方公共预算收入、地区生产总值、人口规模与客流强度等单一指标方面，规定了申报地铁的公共预算收入在300亿元以上，地区生产总值3000亿元以上，市区常住人口300万以上，建设初期客运强度不低于每日每公里0.7万人次。然而，对于具体城市个案来说，面临复杂多元的城市结构、形态与发展阶段，对于什么是合理的城市轨道交通规模，还缺少具体详细的评价方法。本书尝试利用城市轨道交通数据与城市统计年鉴数据，对两者之间的协同程度进行测度与评价。

值得注意的是，本章所进行的协同发展程度评价并没对应主观的优劣程度评价，对于快速发展中的事物和现象，仅仅表示两者之间的匹配和同步关系。城市建设进展快速、轨道交通建设进展也快速的两个系统之间，可能协同程度高；反之，城市建设停滞、轨道交通建设缓慢的两个系统之间的协同程度也可能极高。

5.1 体系建构——评价依据和指标体系

从现有评价方法来看，指标选取的方法总体上包括综合法和分析法。综合法通常是对已有的指标进行聚类分析，从而形成指标体系的方法；分析法则是通过将研究对象和研究目标进行逐层分解，并为每一个子层次选择对应的统计指标，最终形成指标体系的方法。在构建评价指标体系的过程中，需要充分考虑指标的完备性、指标之间的独立性以及数据的可得性等多种因素，本章在选取指标、构建指标体系的过程中遵循的基本原则如下。

（1）系统性原则

评价指标体系中所选取的指标应该能够全面体现并评价城市交通与城市空间的整体情况和特点，指标体系的整体评价能够优于单个指标的评价。在系统性原则的指导下，指标体系具备清晰的层次划分，指标结构合理且能够对评价对象进行全面刻画和评价。

（2）独立性原则

指标体系中涉及诸多因素和指标，在指标选取过程中，要充分考虑指标的一致性和独立性，避免共线性问题出现对定量研究产生影响。而且，具备独立性的指标体系，能够确保可以从多个维度对评价对象进行测度。

（3）动态性原则

城市的发展和城市交通的建设都具有一定的动态性和长期性，在指标选取的过程中，应该考虑到城市可持续发展的理念和要求，指标体系要涵盖相关的指标。

（4）可比性原则

正如前文所述，我国地域广阔、城市众多，城市之间的资源禀赋和发展基础方面都存在较大差异，构建指标体系对不同城市进行评价，要充分考虑数据的可得性和指标的可比性。可比性越强，评价结果的可信度越高；可得性越高，评价结果的客观性越强。

值得关注的是，城市轨道交通与城市协同的指标并非有高低优劣之分，只是客观度量两者的匹配和协同程度的差异。为更好地理解城市轨道交通系统与城市空间协同发展在当前和未来的互动关系及效果评价，将城市轨道交通与空间协同发展的影响因素概括为三个方面，即同时考察二者在规模总量、功能结构以及未来增长潜力三个方面的互动影响，并最终形成空间总量协同指数、功能结构协同指数和协同发展潜力指数三大指数（**图5-1**）。

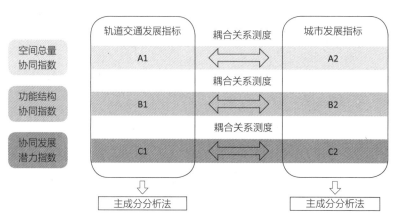

图5-1　轨道交通与城市协同评价系统构建示意

5.1.1 空间总量协同指数

空间总量协同指数主要反映城市轨道交通系统在满足城市交通出行需求、引导城市空间格局和城市形态方面的总体影响。其主要体现在现有的城市轨道交通线网规模、运送能力能否满足当前城市交通需求，轨道交通建设投资与当前城市经济发展水平是否协同一致。因此，空间总量协同指数包含轨道交通规模与运输能力（A1）和城市经济社会发展水平（A2）两个一级指标，其中轨道交通规模与运输能力（A1）又包含6个二级指标，城市经济社会发展水平（A2）包含6个二级指标，具体指标含义如**表5-1**。

城市轨道交通与城市空间协同发展评价指标体系　　表5-1

指数	协同表现	一级指标	二级指标
空间总量协同指数	轨道交通规模与城市发展水平匹配 轨道交通运力能够满足城市交通出行需求	A1 轨道交通规模与运输能力	A1-1 轨道交通线路运营长度
			A1-2 轨道交通运营里程
			A1-3 轨道交通站点数量
			A1-4 轨道交通客运量
			A1-5 轨道交通客运周转量
			A1-6 轨道交通投资额
		A2 城市经济社会发展水平	A2-1 GDP
			A2-2 常住人口数
			A2-3 就业人口规模
			A2-4 全社会固定资产投资总额
			A2-5 地方财政预算收入
			A2-6 城市建成区面积
功能结构协同指数	轨道交通网络布局与城市功能空间分布匹配 轨道交通系统配置效率满足城市空间分工需求	B1 轨道交通运力布局与配置效率	B1-1 轨道交通网络密度
			B1-2 轨道交通车站密度
			B1-3 负荷强度[万人次/（公里日）]
			B1-4 网络日均出行量（万人次/日）
			B1-5 日均客运量（万人次）
			B1-6 进站量（万人次）
			B1-7 线路最高日客运量（万人次）
			B1-8 车站最高日客运量（万人次）
			B1-9 轨道交通系统从业人数
		B2 城市功能空间布局	B2-1 中心城区人口密度
			B2-2 城镇居民人均可支配收入
			B2-3 第三产业增加值
			B2-4 第三产业就业人口占总就业人口比
			B2-5 中心城区居住用地比例
			B2-6 土地使用强度
			B2-7 出口总额在 GDP 占比

续表

指数	协同表现	一级指标	二级指标
协同发展潜力指数	轨道交通发展与城市增长趋势一致 交通改善潜力与土地利用良性循环	C1 轨道交通发展潜力	C1-1 交通运输投资占全社会投资比重
			C1-2 盈利情况
			C1-3 信息网络
			C1-4 公交分担率
			C1-5 公共汽车客运总量
			C1-6 万人拥有公交车辆数
			C1-7 万人小汽车保有量
			C1-8 非机动车道占地面积比
			C1-9 轨道交通行车无事故天数
			C1-10 服务设施可靠度
		C2 城市增长潜力	C2-1 建设用地面积占比
			C2-2 人均 GDP
			C2-3 GDP 增速
			C2-4 城镇化率
			C2-5 社会消费品零售总额
			C2-6 计算机普及率
			C2-7 R&D 经费在 GDP 占比

A1-1轨道交通线路运营长度：统计期内，已经开通运营线路总体规模，按照《城市公共交通经济技术指标计算方法–地铁》（CJ/T 8—1999）规定的测算方法，线路运营长度=1/2（上行起点至终点里程+下行起点至终点里程），包含非独立运营和命名的支线，不包括折返线、渡线、联络线、停车线、出入线和安全线长度（单位：公里和米）。

A1-2轨道交通运营里程：列车为运营业务在运营线路上空车行驶和载客行驶的全部里程（单位：万车公里）。

A1-3轨道交通站点数量：统计期内，城市内已经开通各条轨道交通线路上办理运营业务和为乘客提供服务的轨道交通站点数量的总和（单位：座）。

A1-4轨道交通客运量：已经开通运营的轨道交通线路上实际运送的乘客数量，既包含线路进站量也包含线路换乘量。轨道交通线路客运量的计算由本线进且本线出客流、换入至本线客流、由本线换出客流、途经客流四部分组成（单位：万人次）。

A1-5轨道交通客运周转量：线路客运周转量，即线路客运量与运输距离的乘积，可以利用自动售票系统获取票务数据统计客运周转量（单位：万人公里）。

A1-6轨道交通投资额：城市轨道交通建设和增长规模的重要影响因素（单位：亿元）。

A2-1GDP：指一个国家（或地区）所有常住单位，在一定时期内，生产的全部最终产品和服务价值的总和，常被认为是衡量国家（或地区）经济状况的指标（单位：亿元）。

A2-2常住人口数：指全年经常在家或在家居住6个月以上，也包括流动人口在所在的城市居住（单位：万人）。

A2-3就业人口规模：指16周岁及以上，从事一定的社会劳动或经营活动并取得劳动报酬或经营收入的人口（单位：万人）。

A2-4全社会固定资产投资总额：以货币形式表现的建造和购置固定资产活动的工作量。它是反映固定资产投资规模、速度、比例关系和使用方向的综合性指标（单位：元）。

A2-5地方财政预算收入：各级地方政府财政收支计划的统称（单位：亿元）。

A2-6城市建成区面积：城市行政区内实际已成片开发建设、市政公用设施和公共设施基本具备的区域（单位：km）。

5.1.2　功能结构协同指数

功能结构协同指数反映城市轨道交通系统车站和线路的网络形态和城市功能在空间布局上的协同程度，衡量城市轨道交通系统配置效率与城市功能空间需求的协同发展情况。其主要体现在轨道交通建设密度、运力分布能否满足城市不同区域的发展要求，轨道交通建设对土地开发强度、经济活动空间分布的影响程度。因此，选取中心城区人口密度和轨道交通网络密度以及车站密度等指标进行比较。

B1-1轨道交通网络密度：建成区内城市轨道交通网络密度。

B1-2轨道交通车站密度：建成区内轨道交通车站密度。

B1-3负荷强度：线路日均客运周转量与线路运营长度之比，反映线路单位长度上每日承担的客运周转量（单位：万人次/公里日）。

B1-4网络日均出行量：统计期内，平均每日选择轨道交通网络出行的乘客数量。乘客在网络中换乘一次或多次时，均视为一个出行人次（单位：万人次/日）。

B1-5日均客运量：统计期内，线路日运送乘客总量的平均值（单位：万人次）。

B1-6进站量：在运营线路所属车站进站的乘客总量（万人次）。

B1-7线路最高日客运量：统计期内，线路日客运量中最大的日客运量（单位：万人次）。

B1-8车站最高日客运量统计期内，所有车站日客运量中最大的车站日客运量（单位：万人次）。

B1-9轨道交通系统从业人数：运营企业从事运营和维修保障等方面的就业人数（单位：人）。

B2-1中心城区人口密度：生活在中心城区范围内的人口密度（单位：人/km²）。

B2-2城镇居民人均可支配收入：反映居民家庭全部现金收入中用于安排家庭日常生活的那部分收入（单位：元）。

B2-3第三产业增加值：在一定时期内，第三产业产值的增加值（单位：亿元）。

B2-4第三产业就业人口占总就业人口比：当期内从事第三产业人口占总就业人口的比例

（单位：%）。

B2-5中心城区居住用地比例：中心城区内居住用地占城市建设用地的比例（单位：%）。

B2-6土地使用强度：建设用地总量占行政区域面积的比例（单位：%）。

B2-7出口总额在GDP占比：出口总额占该国国民生产总值或国内生产总值的比例（单位：%）。

5.1.3 协同发展潜力指数

协同发展潜力指数旨在反映城市轨道交通建设对提升城市发展活力、满足城市未来发展潜在需求的能力。从另一个侧面来看，也是在考虑"交通先行"理念下，其对城市交通建设和城市开发产生影响的时滞性问题的思考。选取轨道交通的替代交通形式——小汽车和公交车的相关出行静态指标和城市GDP增速、城镇化率等动态指标来说明城市轨道交通和城市空间发展协同潜力的情况。

C1-1交通运输投资占全社会投资比重：交通运输方面的投资占据以货币形式表现的建造和购置固定资产活动的工作量的比例（单位：%）。

C1-2盈利情况：一定时期内赚取利润的情况。

C1-3信息网络：由多层的信息发出点、信息传递线和信息接收点组成的信息交流系统。

C1-4公交分担率：城市居民出行方式中选择公共交通（包括常规公交和轨道交通）的出行量占总出行量的比率（单位：%）。

C1-5公共汽车客运总量：统计期内，公共汽车线路日运送乘客总量（单位：人次）。

C1-6万人拥有公交车辆数：每万人平均拥有的公共交通车辆标台数（单位：辆）。

C1-7万人小汽车保有量：每万人拥有的小汽车数量（单位：辆）。

C1-8非机动车道占地面积比：非机动车道路面积占整个路网中道路面积的比例（单位：%）。

C1-9轨道交通行车无事故天数：车站或运行线上，连续安全行车未发生运营事故的天数（单位：天）。

C1-10服务设施可靠度：城市轨道交通系统中的服务设施涉及售票机、储值卡充值机、进出站闸机、自动扶梯、垂直电梯、乘车信息系统等电子设备，服务设施可靠度的测算可由上述设施可靠度进行整体测算。服务设施可靠度基本测算是依据各服务设施实际服务时间与应服务时间之间的比值获得（单位：%）。

C2-1建设用地面积占比：城市规划行政主管部门确定的建设用地界线所围合的用地水平投影面积，不包括代征地的面积，占总用地面积的比例（单位：%）。

C2-2人均GDP：在核算期内（通常为一年）实现的生产总值与所属范围内的常住人口的比值（单位：元）。

C2-3 GDP增速：GDP与上一时期相比百分比的变动（单位：%）。

C2-4 城镇化率：一个地区城镇常住人口占该地区常住总人口的比例（单位：%）。

C2-5社会消费品零售总额：企业（单位）通过交易售给个人和社会集团非生产、非经营用的实物商品金额，以及提供餐饮服务所取得的收入金额。社会消费品零售总额包括实物商品网上零售额，但不包括非实物商品网上零售额（单位：亿元）。

C2-6计算机普及率：人均占有计算机的情况。

C2-7R&D经费在GDP占比：用于研究与试验发展（R&D）活动的经费占地区生产总值（GDP）的比重（单位：%）。

5.2 关键指标——主成分分析法的关键指标

主成分分析法用于城市轨道交通与城市发展两个系统的关键指标筛选。根据《中国城市轨道交通年度报告（2018）》与《中国城市统计年鉴（2018）》的静态和动态分析可以得到一系列分析指标，可通过主成分分析法识别关键的影响环节和影响因子。主成分分析法可以用于提取、甄别和筛选城市综合数据库中城市轨道交通发展所需要的关键支持条件。这种方法有助于后期更好地展开关键因素分析，提取其中的关键问题，从而更好地从系统的观点解决问题。

5.2.1 城市轨道交通指标的主成分分析

第一步先明确要分析的评价指标，在城市轨道交通方面，从《中国城市轨道交通年度报告（2018）》中选取最为重要的11项指标，并使它们条理化、层次化，理出层次结构（**表5-2**）。

开通轨道交通城市轨道交通数据表　　　　　　　　表5-2

城市	总里程(km)	轨道交通线网密度(km/km²)	网络日均出行量(万人次/日)(2016年数据)	地铁站数量(个)	客运量(万人次)	日均客运量(万人次)	进站量(万人次)	客运周转量(万人公里)	客运强度(万人次/公里日)	线路最高日客运量(万人次)	车站最高日客运量(万人次)
北京	713	0.49	531.19	347	384841.7	1054.4	203969.7	3357614.5	1.72	197.5	41.52
上海	784.6	0.41	539.22	386	371020.6	1017.2	212662.6	3387388.4	1.44	193.1	76.66
天津	226.8	0.23	62.1	163	40852.9	123.5	28520.2	325787.6	0.54	39.6	25.94
重庆	313.4	0.26	137.36	160	85787.1	250.3	61149.9	798893.7	0.8	108.8	35.88
广州	463.9	/	402.64	227	302950	835.4	174477.9	2261913.2	1.72	237	84.55

续表

城市	总里程 (km)	轨道交通线网密度 (km/km²)	网络日均出行量（万人次/日）（2016年数据）	地铁站数量（个）	客运量（万人次）	日均客运量（万人次）	进站量（万人次）	客运周转量（万人公里）	客运强度（万人次/公里日）	线路最高日客运量（万人次）	车站最高日客运量（万人次）
深圳	297.6	0.30	243.06	186	164605.4	451	109590.7	1432412.2	1.63	143	44.22
武汉	348	0.41	161.22	233	105401.3	306.9	71553.3	802521.2	0.88	113.7	40.47
南京	394.3	0.51	150.4	187	111880.8	307	67685.5	924447.3	0.78	115.4	63.82
沈阳	128.4	0.21	67.17	119	32994.3	90.4	26250.7	258125.8	0.7	58.8	29.6
长春	117.7	0.23	/	119	12730	35.5	11278.8	95493.7	0.35	22.2	3.11
大连	181.3	0.43	30.78	106	19225	52.7	15835.1	204367.4	0.33	26.7	16.65
成都	329.8	0.41	121.77	190	115755.9	317.4	73459.8	900746.4	1.35	107.8	49.33
西安	123.4	0.20	82.77	89	74624.6	235.4	54285	575323.3	1.91	124.3	48.38
哈尔滨	21.8	0.05	18.72	22	9742	26.7	8319.1	57028.6	1.22	31.1	8.28
苏州	164.9	0.35	31.96	120	32806.7	90	22396.5	230831	0.55	47.3	4.95
郑州	136.6	0.28	34.9	64	29340.7	80.4	14656.1	288204	0.86	74.7	7.66
昆明	88.7	0.21	24.16	57	19957.7	54.7	15968.7	196504.5	0.62	49.9	19.02
杭州	114.7	0.21	61.46	80	52985.2	145.2	40026	464868.1	1.27	100.4	34.51
佛山	21.5	0.13	15.99	15	/	/	/	/	/	/	/
长沙	67.3	0.14	/	45	25029.5	68.6	21279.8	158300.1	1.02	67.8	27.16
宁波	74.5	0.21	21.71	50	12437.1	34.1	9875.8	100424.8	0.46	26.2	19.78
无锡	55.7	0.19	19.36	45	10312	28.3	8706.5	75669.3	0.51	23.1	11.76
南昌	48.5	0.15	21.55	40	14175.8	38.8	12368	104913.5	0.8	54.9	14.56
兰州	61	0.26	/	6	/	/	/	/	/	/	/
青岛	178.2	0.34	3.07	92	15388.3	47.1	12310.7	124410.8	0.26	39	11.79
淮安	20.1	0.08	/	23	924	2.5	924	/	0.13	4.8	0.59
福州	24.6	0.09	0.51	21	6087.6	16.7	6087.6	42928.3	0.68	28.2	3.92
东莞	37.8	/	9.74	15	4605.1	12.6	4605.1	60364.1	0.33	27	12.74
南宁	53.1	0.17	/	41	21362.1	58.5	18341.9	159483.1	1.1	61.4	34.59
合肥	52.3	0.12	11.71	46	15323.6	42	12604.8	116349.9	0.8	32.6	17.53
贵阳	33.7	0.1	/	24.0	744.1	2.0	744.1	5903.4	0.1	18.3	2.3
厦门	30.3	0.1	/	24.0	4164.6	11.4	4164.6	43644.9	0.4	24.1	3.7
石家庄	28.4	0.1	/	26.0	8760.2	24.0	7248.9	50650.5	0.8	27.4	16.2
乌鲁木齐	16.7	0.0	/	12.0	244.0	3.6	244.0	1777.9	0.2	8.3	0.0
珠海	8.8	0.0	/	14.0	103.8	0.3	103.8	545.2	0.0	0.5	0.0

注：广佛线线路长度数据按照地理区域划分，其他数据全线计入广州。

根据所列出的数据构建判断矩阵，对这11项指标在同一层次中按照主成分分析的原则进行比较，按照影响强度对指标进行排序，最终得出影响研究的3项指标，分析结果如**表5-3**所示。

城市轨道交通指标主成分分析结果　　　　　　　　　　　　　　　表5-3

指标	主成分	相关指标	累计载荷（%）
1	客流量	网络日均出行量、进站量、客运量	86.081
2	承载量	负荷强度、轨道交通线网密度	92.851
3	瞬时强度	车站最高日客流量	97.333

通过主成分分析法对城市轨道交通的11项指标进行分析发现，最终得出影响研究相关的3项主成分，分别为客流量、承载量、瞬时强度。数据结果表明，总里程作为第一主成分影响量占据86.081%，成为城市轨道交通方面最为重要的影响指标，而地铁车站数量、客运量、日均客运量和进站量分别以6.77%、4.482%的占比依次排在后边，这3项指标累计影响量达到97.333%的比例，证明剩余几项指标可以暂且忽略不计。

关于主成分1的因子载荷解释为，客流量=0.983×日均客流量+0.992×进站量+0.993×网络日均客流量；关于主成分2的因子载荷解释为，承载量=0.649×负荷强度+0.348×轨道交通线网密度；关于主成分3的因子载荷解释为，瞬时强度=0.470×车站最高日客流量。

从主成分分析的成分矩阵中可以看出，主成分1的因子载荷（绝对值）最高值依次为0.992、0.993和0.984，分别对应网络日均出行量、进站量和客运量3项指标，这3项指标是从流量角度出发，主要反映轨道交通总量因素。主成分2的因子载荷最高值依次为0.649、0.348和0.292，分别对应负荷强度、轨道交通线网密度和线路最高日客运量三项指标，这3项指标是从承载量角度出发，主要反映轨道交通的线网密度因素。主成分3的因子载荷最高值依次为0.470、0.381、0.182，分别对应车站最高日客流量、轨道交通线网密度和客运周转量，主要反映轨道交通的强度因素。

通过主成分分析法本研究认为要从流量、承载量和密度三方面出发考虑问题，这也契合了城市轨道交通数据初步分析得出的结果（**表5-4**）。

城市轨道交通主成分分析结果　　　　　　　　　　　　　　　表5-4

相关指标 \ 成分	1	2	3	4	5
总里程（km）	0.955	−0.246	−0.086	−0.008	0.090
轨道交通线网密度	0.819	−0.348	0.381	0.250	−0.001
地铁站数量（座）	0.961	−0.218	−0.026	−0.047	0.046
客运量（万人次）	0.984	−0.010	−0.161	−0.006	−0.011
日均客运量（万人次）	0.983	−0.010	−0.164	−0.008	−0.011
进站量（万人次）	0.992	0.014	−0.111	−0.016	−0.032

续表

相关指标	成分	1	2	3	4	5
网络日均出行量（万人次/日）		0.993	0.016	−0.104	−0.013	−0.036
客运周转量（万人/km）		0.977	−0.076	−0.182	−0.023	−0.036
负荷强度（万人次/公里日）		0.734	0.649	0.072	0.114	0.150
线路最高日客运量（万人次）		0.925	0.292	0.063	0.046	−0.216
车站最高日客流量（万人次）		0.843	0.057	0.470	−0.250	0.017

【提取方法：主成分分析法】

5.2.2 城市形态指标的主成分分析

上文中先明确了要分析的评价指标，在城市基础数据指标提取方面，从《中国城市统计年鉴（2018）》中选取最为重要的11项指标，并使它们条理化、层次化，理出层次结构。

根据所列出的数据构建判断矩阵，对这11项指标在同一层次中按照主成分分析的原则进行比较，按照影响强度对指标进行排序，最终得出在主因子载荷上得分最高的3项指标，分析结果如**表5-5**所示。

开通轨道交通城市社会经济数据表　　表5-5

地区	中心城区人口密度（人/km²）（2016年数据）	建成区面积（km²）	地区生产总值（亿元）	市辖区年平均人口（万人）	居住用地面积（km²）	中心城区居住用地比率	全市社会消费品零售总额（亿元）	全市公共财政收入（亿元）	第三产业产值（亿元）	就业人口（万人）	人均地区生产总值（万元）
上海市	835.74	999	30632.99	1453	546	54.65%	11830.30	6642.26	21191.90	632.31	12.66
北京市	819.57	1446	28014.94	1361	423	29.25%	11575.40	5430.79	22568.84	812.86	12.90
广州市	1148.78	1263	21503.15	884	/	/	9402.59	1536.74	15254.34	329.17	15.07
南京市	991.35	796	11715.10	672	217	27.26%	5604.66	1271.91	6997.43	204.49	14.11
深圳市	1777.67	925	22490.06	410	212	22.92%	6016.19	3332.13	13149.94	463.79	18.41
重庆市	617.01	1423	/	2450	372	26.14%	8067.67	2252.38	/	359.97	/
武汉市	2968.93	628	13410.34	844	264	42.04%	6196.30	1402.93	7141.01	219.90	12.38
成都市	2154.32	886	11010.00	793	270	30.47%	6403.53	1275.53	6007.80	/	10.38
天津市	861.79	1088	18549.19	1047	278	25.55%	5729.67	2310.11	10786.35	269.48	11.92
大连市	1188.16	404	5391.76	399	120	29.70%	3722.50	657.64	3162.27	87.82	11.37
苏州市	732.86	473	8194.51	352	136	28.75%	5442.82	1908.10	4236.56	150.77	14.84
杭州市	1093.11	591	11621.46	607	147	24.87%	5717.43	1567.42	7500.49	274.17	14.88
郑州市	3405.94	501	5385.00	360	125	24.95%	4057.22	1056.67	3240.69	153.92	9.45
西安市	1602.99	661	7192.10	760	144	21.79%	4329.51	654.50	4446.87	195.95	8.42

续表

地区	中心城区人口密度(人/km²)(2016年数据)	建成区面积(km²)	地区生产总值(亿元)	市辖区年平均人口(万人)	居住用地面积(km²)	中心城区居住用地比率	全市社会消费品零售总额(亿元)	全市公共财政收入(亿元)	第三产业产值(亿元)	就业人口(万人)	人均地区生产总值(万元)
宁波市	942.32	345	6282.69	287	89	25.80%	4047.81	1245.29	3076.63	100.57	15.10
长沙市	1671.03	427	6390.34	334	171	40.05%	4547.68	800.35	4070.00	84.77	15.24
长春市	910.42	521	5142.88	/	149	28.60%	2922.75	450.08	2330.75	112.24	/
昆明市	726.18	438	3889.69	311	181	41.32%	2590.95	560.86	2331.87	111.77	9.01
无锡市	1514.6	338	5465.28	256	89	26.33%	3458.04	930.00	3162.21	75.05	15.01
沈阳市	1526.94	553	5148.10	589	182	32.91%	3989.83	656.24	3010.61	115.79	7.46
南宁市	442.14	315	3410.74	373	91	28.89%	2204.16	332.15	1830.20	87.44	7.93
合肥市	2227.15	461	4812.48	265	129	27.98%	2728.51	655.90	2519.33	121.14	12.58
南昌市	972.54	327	3640.88	304	95	29.05%	2096.96	417.08	1756.72	101.30	10.08
青岛市	1132.71	638	8499.13	/	158	24.76%	4541.01	1157.24	4943.09	116.13	13.67
东莞市	792.68	/	/	/	/	/	2687.88	592.07	/	/	/
福州市	1119.82	291	4300.55	277	113	38.83%	4193.87	634.16	2662.90	107.78	11.11
哈尔滨市	538.34	434	4712.76	551	136	31.34%	4044.75	368.10	3027.48	108.07	8.56
佛山市	1024.22	159	9398.52	410	49	30.82%	3320.43	661.58	3840.23	165.16	12.43
杭州市	1093.11	591	11621.46	607	147	24.87%	5717.43	1567.42	7500.49	274.17	14.88
淮安市	917.89	185	2235.95	334	80	43.24%	1197.09	230.61	1065.43	47.04	7.29
兰州市	1256.13	249	2096.53	206	64	25.70%	1358.72	234.20	1401.32	65.25	7.84
厦门市	1241.91	364	4351.72	226	103	28.30%	1446.74	696.87	2516.16	145.99	10.98
石家庄市	1868.73	286	3396.27	416	98	34.27%	2983.34	460.89	2002.10	66.14	6.99
乌鲁木齐市	271.99	438	2707.53	239	123	28.08%	1317.12	400.78	1871.17	71.95	7.99
珠海市	646.65	141	2675.18	117	63	44.68%	1128.18	314.38	1339.19	76.20	15.55

通过主成分分析法对城市轨道交通的11项指标进行分析发现，最终得出研究最应考虑的3个指标，分别为中心城区人口密度、建成区面积、地区生产总值。数据结果表明，中心城区人口密度作为第一主成分影响量占据56.167%，成为城市轨道交通方面最为重要的影响指标，而建成区面积、地区生产总值分别以14.010%、11.274%的占比依次排在后面，这3项指标累计影响量高达81.451%的比例，剩余8项指标产生的影响可以暂且忽略不计（**表5-6**）。

城市经济指标数据主成分分析结果　　　　　　　　　　　表5-6

指标	主成分	相关指标	累计载荷（%）
1	财政收入水平	地区生产总值、第三产业产值、全市公共财政收入	56.167
2	城市集中度	人均地区生产总值、中心城区居住用地比率	70.177
3	人口密度	中心城区人口密度、社会消费品零售总额	81.451

关于主成分1的因子载荷解释为，财政水平=0.979×地区生产总值+0.956×第三产业产值+0.952×全市公共财政收入；关于主成分2的因子载荷解释为，城市集中度=0.695×人均地区生产总值+0.673×中心城区居住用地比率；关于主成分3的因子载荷解释为，人口密度=0.731×中心城区人口密度+0.712×社会消费品零售总额。

从主成分分析的成分矩阵中可以看出，主成分1的因子载荷（绝对值）最高值依次为0.979、0.956和0.952，分别对应地区生产总值、第三产业产值和全市公共财政收入3项指标，这3项指标是从财政收入水平角度出发，主要反映地区发展水平的因素。主成分2的因子载荷最高值依次为0.695、0.673和0.389，分别对应人均地区生产总值、中心城区居住用地比率和市辖区年平均人口3项指标，这3项指标是从城市经济发展角度出发，主要反映城市的发展形态分布和城市产业，以及产业结构发展引申的平均人口数量和布局等因素。主成分3的因子载荷最高值依次为0.731、0.712、0.225，分别对应中心城区人口密度、社会消费品零售总额和就业人口3项指标，主要反映人口收入和消费等因素。

通过主成分分析法本研究认为要从经济、城市形态和产业、人口三方面出发考虑问题，这也契合了城市基础数据总方差解释图得出的结果（**表5-7**）。

城市轨道交通主成分分析结果　　　　　　　　　　　表5-7

主要指标 \ 成分	1	2	3	4	5
中心城区人口密度（人/km²）	−0.129	−0.328	0.731	−0.412	0.413
建成区面积（km²）	0.904	0.081	0.202	0.086	−0.169
地区生产总值（万元）	0.979	−0.115	0.045	0.053	0.043
市辖区年平均人口（万人）	0.762	0.389	−0.142	−0.361	−0.005
居住用地面积（km²）	0.896	0.332	0.051	0.068	0.088
中心城区居住用地比率（%）	−0.27	0.673	0.193	0.051	0.421
社会消费品零售总额（亿元）	0.414	−0.307	−0.172	−0.066	0.444
全市公共财政收入（亿元）	0.952	−0.115	0.007	0.024	0.07
第三产业产值（亿元）	0.956	−0.123	−0.014	0.061	0.085
就业人口（万人）	0.885	0.287	0.225	−0.09	−0.123
人均地区生产总值（万元）	0.397	−0.695	0.212	0.487	−0.052

【提取方法：主成分分析法】

综上所述，通过主成分分析法可以从轨道交通年鉴和城市统计年鉴诸多指标中加以提取，识别出最为关键和重要的因子，在下一步分析中加以应用。在轨道交通相关指标中，排名前三位的主因子分别为客流量、承载量和瞬时强度三方面因素；而在城市形态相关要素中，排名前三位的主因子分别为财政收入水平、城市集中度和人口密度。

5.3 评价方法——耦合度分析和城市协同发展程度排序

5.3.1 耦合度分析与测算

围绕城市轨道交通系统与城市经济社会发展两个系统，可以建立如下耦合度测算模型：

$$C_2=\{(U_1 \cdot U_2)/[(U_1+U_2)(U_1-U_2)]\}^{1/2}$$

其中，耦合度值$C=\in[0，1]$。当$C=1$时，耦合度最大，表明两个系统之间或系统内部要素之间形成良性共振耦合，系统将趋向于新的有序结构；当$C=0$时，两个系统的耦合度极小，系统之间或系统内部要素之间处于一种无关状态，此时系统将向无序发展。

根据现有研究可以将耦合度测算结果进行如下划分：当$0<C\leq0.3$时，表明城市轨道交通系统与城市经济社会发展的耦合阶段处于较低水平，城市轨道交通发展不能满足城市经济社会发展需求；当$0.3<C\leq0.5$时，表明这一阶段的城市轨道交通系统与城市经济社会发展处于中度耦合发展水平，轨道交通能够满足城市当前基本发展需求；当$0.5<C\leq0.8$时，表明城市轨道交通系统与城市经济社会发展处于一种良性耦合；当$0.8<C<1$时，表明二者进入较高水平的耦合发展阶段，城市轨道交通系统与城市经济社会发展在相互影响、相互引导的过程中实现良性互动、相互促进（王琦等，2008）。

基于城市轨道交通系统与城市经济社会发展之间存在着相互影响、相互作用的耦合互动关系，课题研究将基于指标的代表性、层次性、动态性、可获得性等原则进行层次分析，构建城市轨道交通系统序参量（U_1），具体指标包括轨道交通线路运营长度、轨道交通站点数量、轨道交通客运量、轨道交通客运周转量、轨道交通车站密度、负荷强度、轨道交通网络日均出行量、日均客运量、进站量、线路最高日客运量、车站最高日客流量、轨道交通系统从业人数；构建城市经济社会发展序参量（U_2），具体指标包括GDP、常住人口数、就业人口规模、全社会固定资产投资总额、地方财政预算收入、城市建成区面积、中心城区人口密度、城镇居民人均可支配收入、第三产业增加值、中心城区居住用地比例、出口总额在GDP占比、建设用地面积占比、人均GDP、GDP增速、城镇化率、社会消费品零售总额等。

在构建协同程度指标体系的过程中，同样构建了城市轨道交通与城市经济社会发展耦合协同度模型，用以评判不同城市在轨道交通建设与城市经济社会交互耦合方面的协调程度。具体测算方法如下：

$$\begin{cases} D = (C \times T)^{1/2} \\ T = aU_1 + bU_2 \end{cases}$$

式中，D 为耦合协调度；C 为耦合度；T 为城市轨道交通与城市经济社会发展综合评价指数，用以体现城市轨道交通与城市经济社会发展的整体发展水平。通常，假设 a、b 为待定系数；且 $T \in [0, 1]$。

同时，根据现有研究，将耦合协调度测算结果进行如下划分：当 $0.3 < D \leq 0.5$ 时，为濒临失调；当 $0.5 < D \leq 0.6$ 时，为初步协调耦合；当 $0.6 < D \leq 0.8$ 时，为中度协调耦合；当 $0.8 < D \leq 0.9$ 时，为良好协调耦合；当 $0.9 < D < 1$ 时，为优质协调耦合。

基于数据可得性，选取研究开始时2018年年中已经开通运营城市轨道交通的34座城市，进行城市轨道交通与城市经济社会发展耦合度和耦合协调度的测算，测算结果如**表5-8**所示。

说明：因为石家庄、淮南、厦门、贵阳、兰州等城市轨道交通开通运营数据并不完整，因此评价结果并未显示在**表5-8**中。

部分城市轨道交通系统与城市经济社会发展耦合度和耦合协调度测算值　　　　　表5-8

地区	耦合度 C	耦合协调度 D	评价	地区	耦合度 C	耦合协调度 D	评价
北京市	0.46446	0.91082	中强度高协调	南昌市	0.40777	0.76366	中强度中协调
天津市	0.44248	0.85048	中强度良协调	青岛市	0.35059	0.70629	中强度中协调
沈阳市	0.45360	0.83702	中强度良协调	郑州市	0.37121	0.73035	中强度中协调
大连市	0.44516	0.82229	中强度良协调	武汉市	0.45490	0.86034	中强度良协调
长春市	0.40440	0.75586	中强度中协调	长沙市	0.42210	0.79204	中强度中协调
哈尔滨市	0.37587	0.72856	中强度中协调	广州市	0.45668	0.87876	中强度良协调
上海市	0.46596	0.90808	中强度高协调	深圳市	0.45705	0.87894	中强度良协调
南京市	0.45687	0.86011	中强度良协调	佛山市	0.32307	0.67392	中强度中协调
无锡市	0.41997	0.79438	中强度中协调	东莞市	0.36349	0.71684	中强度中协调
苏州市	0.42099	0.81391	中强度良协调	南宁市	0.35792	0.68926	中强度中协调
杭州市	0.43383	0.83016	中强度良协调	重庆市	0.44099	0.86928	中强度良协调
宁波市	0.43312	0.81295	中强度良协调	成都市	0.44847	0.85995	中强度良协调
合肥市	0.34632	0.70084	中强度中协调	昆明市	0.41912	0.78444	中强度中协调
福州市	0.23876	0.56519	低强度初协调	西安市	0.44377	0.82691	中强度良协调

从部分城市轨道交通系统与城市经济社会发展的耦合度和耦合协调度测算结果中不难看出，耦合度测算结果表明大部分城市的测评值处于 $0.3 < C \leq 0.5$，这表明大部分城市轨道交通系统与城市经济社会发展处于中度耦合发展水平，说明轨道交通能够满足城市当前基本发展需

求,但是轨道交通引导城市发展的作用并未得到充分发挥,没有达到良性互动的效果,距离轨道交通与城市经济社会高度协同发展仍有一定距离。从轨道交通与城市发展的耦合协调度的测算结果来看,整体上,轨道交通开通运营的城市测评值都集中在$0.6<D\leqslant0.8$和$0.8<D\leqslant0.9$两个区间。在所有城市中,仅有北京和上海两座城市的测评值在$0.9<D<1$,表明只有北京、上海两座城市的轨道交通系统与城市经济社会发展处于一种较高水平的协调耦合发展状态,大部分城市仍然处于良好协调耦合和中度协调耦合的发展阶段。

事实上,不同城市的轨道交通系统往往存在规模不同、建成运营时间不同、城市禀赋不同等问题,因此粗略测算城市轨道交通系统与城市经济社会发展的耦合度和耦合协调度只能从整体上对不同城市的建设发展情况进行把握,还需要结合不同城市的实际情况进行更有针对性的评述。例如,北京、上海是仅有的两座耦合协调度超过0.9的城市,但是事实上这与两座城市的轨道交通运营规模较大有一定关系,而两座城市内部在轨道交通网络布局和轨道交通运行效率等方面还存在很大差异。

5.3.2 耦合度指数综合测评

依据上述指标测评,从城市轨道交通与城市空间在空间总量、功能结构和发展潜力三个维度上构建了空间总量协同指数、功能结构协同指数和协同发展潜力指数三大指数。为更好地评价当前城市轨道交通与城市空间协同发展现状,基于层次分析法所确定的权重,对三大指数所涵盖的指标进行加权,测算上述三大指数并进行排序。

空间总量协同指数能够衡量城市轨道交通在建设规模和运送能力上能否在当前城市经济社会发展水平基础上,满足城市基本交通出行需求,以及城市经济活动和经济发展的基本要求(图5-2)。通过测算显示,北京(9.5)、上海(9.4)、重庆(8.9)、广州(8.7)、深圳(8.7)位列前5位,这表明,与其他城市相比,这五大城市的轨道交通建设与城市空间发展在整体上

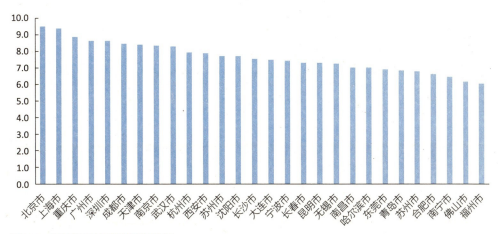

图 5-2 空间总量协同指数测评结果

的协同发展水平更高。第二梯队的城市主要包括成都（8.5）、天津（8.4）、南京（8.3）和武汉（8.3），从测评结果来看，这四大城市在轨道交通与城市发展整体协同性上的表现较为接近，从城市发展现实情况来看，这四大城市的发展速度和建设情况也有很多共性。这也验证了城市轨道交通与城市发展是相互影响、相互作用的，因此不能单独评价某一个方面，而应该从二者的协同互动关系入手，推动共同发展。

功能结构协同指数突出轨道交通网络布局的效益和城市经济活动空间布局之间的协同性（**图5-3**）。从城市轨道交通网络对城市的影响来看，轨道交通网络的布局形态、在不同区域的配置效率都影响着城市轨道交通与城市空间的协同发展。测评结果显示，上海（6.4）、北京（6.3）、深圳（6.2）和广州（6.2）依然是位居前列的城市，这表明城市轨道交通与城市空间在功能结构维度上的协同情况会受到空间总量方面的影响，这样的测评结果能够得到经济理论和城市发展实践的支撑。事实上，城市规模的不断扩大不仅能够带来规模经济，更能够通过深化城市功能分工提高城市生产率。在微观尺度上，也体现在轨道交通站域空间和站点周边一体化开发过程中，不仅需要满足城市交通出行需求，还能够带动空间开发，为经济活动提供充足的、弹性的、可持续的空间支持。

与此同时，南京（5.7）、武汉（5.7）、杭州（5.5）、重庆（5.5）、成都（5.5）和西安（5.5）在功能结构协同性上的表现也较为良好。这也从一个侧面表明，如果仅仅从轨道交通建设总规模和城市经济总量的视角衡量二者的相互关系并不能充分展示城市间的差异。这几座城市在城市地理条件、城市形态等方面的差异性十分显著，但是轨道交通网络因地制宜与城市空间和城市现实相结合，便可以实现二者的良性互动和协同发展。

城市轨道交通与城市空间协同发展潜力指数是面向未来、评述城市轨道交通建设改善潜力和城市增长潜力的重要指标（**图5-4**）。城市轨道交通建设项目往往具有时滞性，从规划设计到投入运营经常需要几年时间，而城市发展则越来越快，这就会造成城市轨道交通建设滞后的问

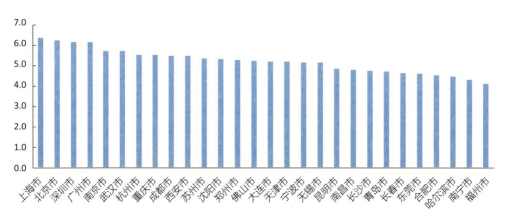

图5-3　功能结构协同指数测评结果

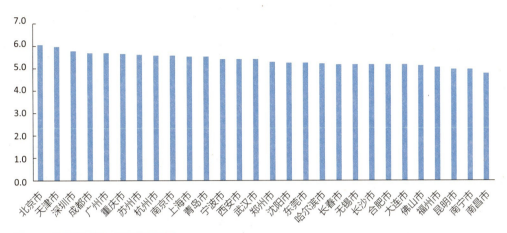

图 5-4　协同发展潜力指数测评结果

题。从增长潜力的角度，探寻二者协同发展的可能性，能够更好地推动二者之间的耦合互动。从测评结果来看，北京（6.1）位列首位，这表明尽管北京市在轨道交通建设规模上已经处于领先地位，但是相对于城市建设需求，仍然有很大缺口。同时，北京市轨道交通网络与城市空间的整体协同性还将随着城市空间布局的调整而发展变化，未来发展优化的空间还很大。

5.4　本章小结

本章选取城市轨道交通与城市空间发展指标，通过主成分分析的指标提炼和耦合度分析进行空间总量协同指数、功能结构协同指数和协同发展潜力指数的评价。

分析结果表明，城市轨道交通相关指标主要体现在客流量、承载量和客流强度三个方面，而城市空间的相关主要指标主要体现在城市财政收入水平、城市集中度和人口密度三个方面。

通过耦合度分析，以及空间总量协同指数、功能结构协同指数和协同发展潜力指数的综合评价发现，轨道交通发展处于成熟期的城市，如北京、上海、重庆、广州、深圳等，通常轨道交通与城市协同程度较高。而正在进行大规模、快速度轨道交通建设的城市，如成都、天津、南京和武汉等，城市轨道交通与城市协同发展程度适中，轨道交通与城市发展两个系统之间仍然需要磨合。

然而，本章小结再次强调，轨道交通与城市发展协同程度只有高低区别，并无好坏之分。正如快速成长中的青少年测量骨密度等指数，在飞速发展过程中阶段性出现的问题可能由于某一方面进展过快所导致，可以通过局部调整加以整体性、综合性解决。轨道交通与城市协同，应从长周期、整体化的视角来进行评价，并不必纠结于某个特定时段出现的特定问题。

参考文献

[1] 潘海啸,任春洋. 轨道交通与城市中心体系的空间耦合[J]. 时代建筑. 2009（5）: 19-21.
[2] 刘兴泰. 基于联合开发的城市快速轨道交通线网规划评价指标体系[D]. 天津: 天津大学, 2005.
[3] 金锋. 关于城市轨道交通与城市规划一体化[J]. 都市快轨交通, 2008, 21(1): 1-4.
[4] 王荻. 城市轨道交通规划与城市规划的关系研究[D]. 同济大学, 2007.
[5] 王玉萍,陈宽民,马超群. 城市轨道交通网络与城市形态协调性的量化分析[J]. 铁道工程学报, 2008, 25（11）: 11-15.
[6] 顾保南,高飞. 城市轨道交通线网规划的过程性评价方法[J]. 城市轨道交通研究, 2010, 13（5）: 6-9.

第 6 章 规划实践与案例研究：国内外经验与问题

在前面几章中，介绍了轨道交通与城市协同发展的理论溯源、数据与研究方法，以及进行协同发展程度的整体评价。本章将结合国内外实际城市案例，探讨轨道交通与城市的空间协同、时间协同以及功能协同等问题。

以国际视角和比较研究的视角，重新审视中外轨道交通与城市发展的案例，在目睹建设成就的同时进行总结和反思。从全球视角来看，轨道交通体现了现代城市工业文明的崛起。世界轨道交通的历史可以追溯到1863年的伦敦地铁，随后布达佩斯、巴黎、纽约、东京等城市地铁线路相继开通，并逐渐在大都市交通连接功能中扮演重要角色。在上百年的轨道交通与城市发展历程中，不同国家和城市轨道交通建设与发展的路径不尽相同，这与当时的国民经济发展水平和居民出行需求密切相关。从这些不同城市发展的案例中可以总结一些共性的规律与经验。

不同于将国外经验仅作为先进的成功经验加以介绍，本书根据上面的理论和方法进行剖析，对轨道交通与城市发展过程中出现过的问题进行审视和反思。同时，本章中，将轨道交通快速发展的中国城市案例与国外案例并置，以相关的问题分类为线索进行比较分析，主要是鉴于对中国轨道交通与城市发展之间快速、复杂、互动趋势的考虑。中国的城市化进程和轨道交通建设同步快速进行，所产生的复杂、多样的问题也是前所未有的——甚至在借鉴国外经验时，蓦然回望，中国轨道交通建设在快车道上已经无例可依、无样可考。速度的领先，同时带来机遇与挑战。国外与国内城市的轨道交通发展阶段不同，然而面临的一些问题却有着相似性。例如，城市发展到怎样的人口和经济水平开始展开轨道交通建设才是合理的，在各国各城市的轨道交通发展中，又遇到了哪些瓶颈和制约因素，轨道交通和城市发展结合有哪些经验和教训？这些问题在全球城市经历不同发展阶段都曾出现过，既体现一定的相似性，又体现结合当地特色的差异性特征。

20世纪后半叶随着交通基础设施建设的完善，世界范围内城市群和大都市圈的形态发生了重要的演变和转型。从大都市圈到城市群，轨道交通（地铁、轻轨和城际铁路等）体系的完善，不仅缩短了人们的通勤时间，也促成了城市人口、经济等要素分布的改变和城市职住空间关系的变化。从全球范围来看，轨道交通基础设施带来的速度变革，给21世纪的大都市圈和城市群发展带来前所未有的挑战和发展契机。

6.1 空间协同问题

在轨道交通与城市协同方面，空间协同起到首要的关键作用。在区域层面，轨道交通需要在规模、发展方向上支持城市群和大都市圈的可持续发展，互联互通的轨道交通基础设施对于塑造良好的城市群城市形态、支持大规模和高强度的客流起到非常重要的作用。在城市层面，轨道交通基础设施体现了城市基本空间结构，是城市内部动态要素流动的重要支撑，也是当代城市活力的反映。本节分别选择纽约、京津冀和重庆等案例来阐述城市尺度、区域尺度以及线路尺度的协同问题。

6.1.1 城市律动：纽约百年地铁的钢铁王国

纽约作为世界第一大城市，其城市化与机动化所带来的双重挑战，使得城市空间不断向外扩张。同时高密度的城市环境下，出现了路面交通拥堵、停车困难、停车费用高等问题。

1904年，纽约的第一条地铁建设完成。纽约地铁经过上百年建设，形成了世界上规模最大、最繁忙的轨道交通系统之一，由468座车站和长达394km的运营线路构成巨大的轨道交通网络，为纽约城市系统的运作提供了强有力的支撑，成为美国最重要的城市轨道交通基础设施之一。工作日的日均乘客量超过560万人次，并且大部分线路提供每日24小时，每周7天不间断的运营服务（**图6-1**）。

1. 强化城市空间结构的轨道网络

纽约市的主要通勤活动具有明显的方向性和时间性。纽约城区分为五个区，分别是曼哈顿区、布朗克斯区、布鲁克林区、皇后区和斯塔滕岛。曼哈顿是纽约的经济和商业中心，纽约最重要的商业、金融、保险机构均位于曼哈顿岛内，聚集了大量的工作岗位，纽约主要的通勤客流往返于曼哈顿岛和其他四个区域（盛来芳，宋彦，2015）。两个主要的通勤方向分别是东部长岛和北部上纽约到曼哈顿的通勤人流。同时通勤流迁移呈现出明显的昼夜特征：白天大量人口从周边地区进入曼哈顿岛就业，夜晚则返回郊区居住（**图6-2**）。

城市轨道交通呈现出明显的向心分布规律，大多数线路由一个区域经过曼哈顿地区

图6-1　纽约轨道交通网络
图片来源：纽约大都会运输署.
www.Mtainfo

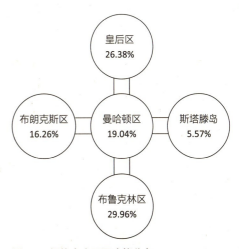

图6-2　纽约市人口及功能分布

到达另一个区域，连接了纽约主要的通勤方向。纽约轨道系统包括市郊铁路与地铁两部分，市郊铁路提供了连接长岛地区、上纽约州和城市中心站点远程通勤线路，而地铁提供了城市中心与城市近郊区的近距离通勤线路。此外，区别于其他城市的市域快线，部分南北线路采用快线（express）和慢线（local）分线并行设置的方式，为昼夜的通勤流提供了高效而稳定的支持。快慢线采用同样的速度，快线仅在大站停靠，或分段停站[1]。通过快慢线并行的运行模式，缓解通勤高峰期的客流压力。完善的轨道交通系统和已有的城市道路进行叠加，支撑了纽约的主要通勤流，强化了城市原有的交通结构，同时极大地缓解了路面交通的拥堵。

2. 与地上街道辉映的地下轨道王国

纽约地铁的建设顺应了城市的空间形态，轨道的发展同时又强化城市的空间特性。纽约是一个起源于港口的城市，在城市形态上有着明显的方向印记。在地铁系统建设之前，纽约的街道就有着明确的方向特征。美国式的直来直去，在曼哈顿城市街道形态上表露无遗。从华尔街开始自南部的下城区（down town）方向而到上城区（up town）方向，依次是1、2、3一直到130多街（street）；由东向西，依次是第一、第二……第七大道（avenue），方格网式格局非常清晰（**图6-3**）。

虽然被统称为地铁（subway），纽约地铁中的40%是地上线或高架线，只有60%是真正意义上的地下线。埋于地下的地铁线路，大部分位于寸土寸金的城市中心曼哈顿地区。而在地铁建设过程中，曼哈顿主岛上的地铁建设也基本从华尔街、市政厅向北分岔，沿着大道（avenue）的方向笔直向着上城区（uptown）的方向竖向延展。在20世纪初的几年中，纽约在经济黄金时期一座又一座摩天大楼拔地而起的同时，由轨道系统组成的地下空间，正如向地下延伸的钢铁王国，也经历了飞速的建设。

3. 连接特色城市站点空间的轨道线路

轨道交通沿线站点附近与其他区位产生可达性差异，也产生了城市建成环境与社区空间的迥然差异。在纽约的各式地铁站中，既有中央车站和联合车站这样连接整个东英格兰地区甚至全美国铁路系统动脉的"心脏"，又有形式各异、嵌入城市空间和体现社区特色的小型地铁站。其中，比较有特色的包括纽约中央车站、宾

图 6-3 纽约曼哈顿岛的上城区、中城区和下城区

夕法尼亚车站等大型交通枢纽，以及位于两处中国城的小社区车站。

纽约中央车站（Grand Central Terminal），在英文中使用了"枢纽（Terminal）"而非"站（Station）"，可见它在纽约人心目中的含义，远远超过了交通功能本身。几经翻修的"枢纽（Terminal）"隐藏在高楼大厦之间，并不起眼，而内部却格外绚丽灿烂，犹如精致的艺术长廊——使得这个客流高度集中的城市枢纽不仅承载着交通功能，也被赋予了更多文化含义（图6-4）。

纽约中央车站的诸多列车，起到城际快线的通勤作用，让在曼哈顿快节奏工作的精英阶层，在体验大都市快节奏生活的同时，也能很容易享受到郊区的从容与闲适；轨道提供了"都市"与"郊野"之间的切换与平衡。在地下出发层上，并列着宽阔的站台，多达百辆车辆整装待发，体现了纽约速度与效率（图6-5）。

纽约的轨道交通虽然提供了可达性和便利性，使得城市中的社区更好地连接于城市网络。然而，在纽约大都市中，仍然保留有一些极具特色的小社区——其中最具特色的包括新老中国城。老中国城位于下城区的Canal St.（图6-6）。从地铁口出来，是满眼的中国字，五彩缤纷的店面和拼搭的街景。

图6-4　犹如艺术长廊的中央车站内景

图6-5　中央车站月台上的待发车辆

图6-6　左图：社区中的地铁口　中图：法拉盛的新中国城图书馆　右图：老中国城的街景

地下轨道王国是地上城市的映射。经过百年积累，地铁已经成为纽约城市不可分割的一部分，在物质空间上支持了高密度建筑垂直生长，形成极高密度的向上的结构；在非物质空间上，支持了高速和高效率的经济运转，正如华尔街纳斯达克指数一样，瞬息移动而万变。

地铁作为城市的公共空间，也形成了独特的地铁文化，已经被赋予了鲜明的城市标签，其文化含义已经超过了交通功能本身。

6.1.2 区域整合：轨道上的京津冀城市群

全球范围内以高速铁路为主的基础设施建设，带动了区域范围内城市形态的转变。跨区域交通基础设施互联互通，成为多辖区之间区域发展真正协同的关键因素。纵观20世纪后半叶，从新中国成立后计划经济时期到改革开放后的市场经济转型时期，交通基础设施的建设始终被认为是关系到国家命脉的重要工程而被格外关注。尤其是随着市场经济转型期的到来，在从普速铁路（以下简称普铁）时代向高速铁路时代的巨大变革中，无论城市群还是城市内部尺度，城市形态都发生了重要的演变。从城市群尺度和交通视角来看，城市形态的概念不仅在于物质空间层面，也包括区域人口、社会、经济等非物质空间形态，尤其聚焦于区域交通基础设施和交通政策可能带来的潜在影响。[3、4]

在大都市圈层面，研究案例选择在京津冀地区，这里被认为是近年来中国轨道交通建设最快、轨道线路最密集的区域之一。本小节以京津冀城市群为例，主要采用基于GIS的网络分析方法和情境分析方法，在城市群尺度分析高铁开通前后京津冀地区基于铁路网络的可达性变化，以及对人口、经济等要素空间分布的影响（**图6-7**）。本书数据来源包括：2000年和2010年的铁路网络以及区间段行驶速度信息，2000年以来北京城市轨道交通的发展及速度信息，以及北京四个火车站与主要地铁车站每日客流量统计数据。

1. 城市群可达性变化

在城市交通视角的城市形态研究中，可达性作为核心概念被视为理解区域与城市关系的一把钥匙。在广泛被采用的概念中，可达性被认为是克服一定阻力而接近公共服务设施的能力，它有着多样的测度方法。[5]本书采取通勤时间来对可达性进行测度，因其具有实际的行为含义，也便于与国内外其他城市或区域研究进行对比。[6]

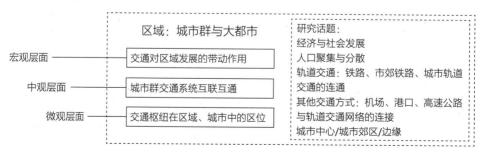

图6-7　高铁与京津冀城市群一体化的研究框架示意

可达性被广泛应用于各空间尺度的研究中,在区域尺度,1h通勤圈是界定大都市圈(mega-region)影响力最普遍使用和最直接的指标。[7]这一范围被认为是中心城市影响范围活跃、城市功能共享的地带,并且也被认为是吸引有效就业的地带。[8]

基于京津冀地区2000年和2010年的铁路网络及运营速度,首先对高铁、市域快线网络下京津冀城市群县级单元可达性水平的提升进行分析。在进行可达性分析时,采取铁路段设计速度作为此段平均速度(传统铁路运行速度100km/h,快线和城际铁路速度200km/h,高铁速度在250km/h以上,以上均为考虑进出站减速后的平均速度),考察所有县级城市单元到13个地级市的平均出行时间(**图6-8**)。

空间插值分析表明,在2000年的普铁时代,从北京城市中心出发的1h通勤圈范围,只包括北京行政范围内以及东、南方向很小面积与河北省临界地区,包括北京、天津、保定等。2010年进入高铁时代后,同样从北京出发的1h通勤圈范围面积扩大了5倍,包括北京、天津,以及包括石家庄、唐山等城市在内的河北省大部分地区。

通过对县级单元的可达性分析发现,从普铁时代到高铁时代,以这些县级单元到所有地级市平均通勤时间来衡量的可达性显著提升。县级单元铁路到中心城市北京的可达性的中位数,从普铁时代3~3.5h的水平,提升到了1~1.5h的水平。在普铁时代与高铁时代的铁路可达性空间分布除了绝对数值上的差别,还有着截然不同的空间特征。铁路速度的提升,使得城市群边缘地区的可达性提升最明显,如张家口、承德、邯郸、邢台等城市。

此外,可达性变化的分析还表明,县级单元的可达性在普铁时代主要取决于铁路网络的"通过性",而高铁时代更加取决于"节点性"。在普铁时代,只要县级城市有铁路经过,

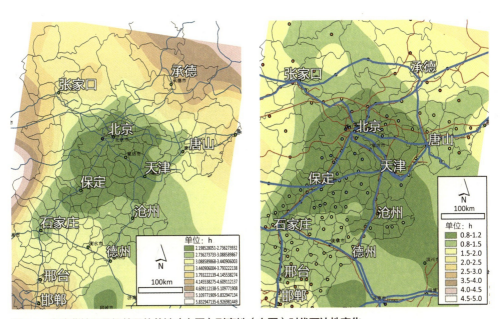

图6-8 京津冀地区县级单元从普铁(左图)到高铁(右图)时代可达性变化

当地就有着较好的铁路交通可达性。而在高铁时代，"节点性"对于城市的铁路可达性表现出更为重要的作用。如果高铁线路只是通过而不设高铁车站，则对县级城市的可达性没有明显的提升作用；只有高铁站与整个区域铁路网络有良好的衔接关系，才对城市的可达性提升有益。

在轨道交通网络构型上，在京津冀地区所有的铁路网络的中心指向北京。铁路速度的变化带来更大的地区之间可达性差异，由于速度提高、站距加大，使原先可达性较好的京津两地获得更多的可达性优势。而相对来说，位于网络边缘位置的城市虽然铁路提速带来绝对速度提升，然而"速度鸿沟"带来的相对可达性却在下降，流动性增加可能使这些城市进一步被边缘化。

2. 城市群人口空间的重新分布

从国外研究中发现，高铁建设可以在大都市圈尺度促使人口更均衡地分布。尤其欧洲的经验和案例研究表明，在城市群边缘地区，可达性改善可以吸引更多的人口从大城市核心区外迁到城市群边缘地区。[9、10]然而，在京津冀地区的分析中，虽然城市群边缘的可达性明显提升，然而这些城市从2000年到2010年人口却没有受高铁影响而显著增加。

县级空间单元的人口分析表明，随着京津冀区域铁路可达性的整体提升，城市群尺度的人口进一步向城市群中的大城市聚集。其中，京津两市成为人口增加最多的地带（**图6-9**）。便利的轨道交通基础设施建设并没有促使京津两地大城市的人口疏解，降低大城市的密度和促进周边中小城市的发展；相反，借助便利的交通基础设施，越来越多周边城市居民向京津两地流动。从人口密度的增加可以看出，这种流动有着明显的特大城市指向性。这表明在京津冀地区的案例中，区域性交通基础设施建设虽然带动了边缘地区的可达性改善，然而城市群的人口却

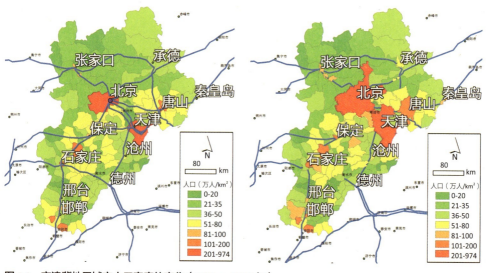

图 6-9 京津冀地区城市人口密度的变化（2000～2010年）

进一步向特大城市集中,从这一点来看,京津冀案例中高铁带来的极化效应大于均衡效应。

6.1.3 垂直整合:重庆的山水城市与轨道交通竖向设计

重庆作为西部山地城市,其轨道交通发展体现了与两江、山地地貌结合的特色。在2004年,重庆开通了第一条观光性线路,也成为西部城市第一条轨道交通线路,近年来轨道交通发展速度位于全国前列。[11]

作为山地城市,轨道交通建设的工程难度更大、施工条件更艰巨,独创了很多轨道交通施工技术。其中,重庆轨道交通2号线,成为中国第一条跨越式单轨线路;而连接机场的3号线,更是应用多重工程技术手段刷新了轨道交通曲率和坡度的限制。轨道交通线路建成后,确实起到连接中心城区和周边组团的作用,也为这座长期饱受交通拥堵的城市提供了可靠、有保证的交通方式选择。

截至2018年,重庆轨道交通运营里程313.4km,线路共有10条,线网覆盖重庆主城区全域,共设车站178座、换乘站20座。其里程总长度位居中国第六位、西部第一位(截至2019年2月),主要包括地铁系统和单轨系统(跨座式单轨),地铁系统为1、4、5、6、10号线及环线、国博线,共215.17km;单轨系统为2、3号线及空港线,共98.45km(**图6-10**)。[11]

从空间布局上看,重庆整个建成区呈现组团式分布。地处长江和嘉陵江的交汇处,重庆市区被分割为"两岸三江"。市中心依山而建,地势起伏大,地形差高达200m以上,具有典型的山地城市特征。"一叶半岛"自然山水相隔的地理格局,使得重庆城市空间在平面及剖面具有特殊性。下面将分别从平面布局和竖向发展两个维度,讨论重庆轨道交通如何与城市空间平面布局和地貌特征相协同。重庆的城市轨道交通与山地城市的地形相结合,有着复杂的竖向变化和设计,也体现了山地城市轨道交通建设的特色。

1. 缝合多片区分散平面布局的城轨系统

作为典型的山地中心城市,重庆主城区环水依山,地形、地貌错落有致。城市用地受自然山水的影响,呈沿江自由式发展。在20世纪70年代的"三线"建设时期,重庆确立了"分散、分片、多中心、组团式"的城市布局结构形态。被设为直辖市以来,其主城建成区逐渐形成"主城三片、十四组团和十一外组团"的城市空间结构形态。长江以北为北部片区,包括大石坝等5个组团;长江以南为南部片区,包括弹子石等4个组团;嘉

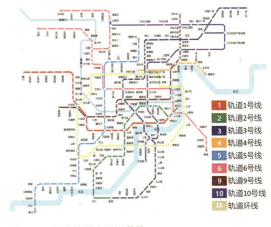

图6-10 重庆轨道交通运营线

陵江以南、长江以西为西部片区，包括渝中等5个组团（邹胜蛟，2010）。此外，西部槽谷形成了北培和西永组团。各组团的功能均相对完善，组团内部的工作以及生活用地都基本平衡，紧凑发展（**图6-11**）。

这种沿江分布的空间布局在形成优美山水格局的同时，也给城市轨道交通建设造成了一定的施工难度——穿山、跨桥成为重庆轨道交通线路的一大特点。传统上，因为两江和山地的分割，组团之间的连接只能通过城市道路，这对城市交通形成了不少的交通压力。轨道交通建设，一定程度上缓解了地面交通的压力，也成为重庆下决心开山架桥建设轨道交通网络的最初动因之一。

为了适应重庆城市总体规划，至2050年，重庆市远景规划线网由18条线路组成"环+放射线"网络结构线网。轨道交通网络构架呈现以双中心为核心向外放射、东西部外围槽谷呈两带的"双心放射+两带"形态。其中，以南部为中心、北部向外放射的网络是城市轨道交通发展的基本构架，是轨道交通线网规划布局的重点，中部区域则是轨道交通网络服务的重点区域。[12]根据总体规划，轨道交通线路总长将达到约820km，其中主城区轨道交通线路长约780km，主城区轨道交通线网密度约0.69km/km^2。轨道交通占机动化出行比例为45%，占公交出行比例为60%。具体轨道交通网络布局为：以渝中、大杨石组团为中心的辐射状轨道交通网络系统，每个区域内只需换乘一次即可到达该中心区域。以童家院子和牌坊区为中心的北部辐射状轨道交通网络，最多换乘两次到达主城区的各组团。以童家院子、沙坪坝、石桥铺、四公里和大坪五个交通枢纽站点串连区域内各集散点，目的是促进各组团内部功能的集中，以及各区域之间的交通快速化，形成多层次的轨道交通骨架（**图6-12**）。[13]

图6-11　重庆市两江多山的组团格局
图片来源：国家地理2017最佳图片

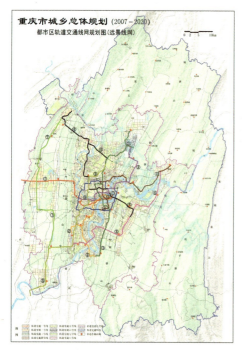

图6-12　重庆城市轨道交通线网规划（2007～2020年）
图片来源：重庆轨道交通官方网站

2. 适应山地城市地貌特征的线路设计

从城市空间剖面来看，因为受到地势起伏大、山川河流分隔、道路网不规则等条件的制约，重庆的城市交通结构性矛盾十分突出。截止到2018年，公共交通客运日均客运量732万人次[14]，各类机动车保有量年均增长10%，大多数城市街道路窄、弯多、有陡坡。城市道路设施建设依然滞后，限制了城市的发展。基于地形的特殊性和城市经济社会发展的需要，重庆市的规划建设以轨道交通为主要骨架，采取多平面、多形式有效衔接的立体化城市客运体系，建设成为独具特色的轨道城市。

在轨道交通建设施工方面，重庆轨道交通规划中的多条线路穿越山岭及长江、嘉陵江，给选线带来极大困难。线路设计如何与城市建设结合并适应山地城市地貌空间特征成为关键挑战。在轨道交通建设方面，结合这些挑战采取以下技术手段。

（1）轨道交通线路可脱离道路方向建设

一般平原城市的选线原则是轨道沿城市主干道进行敷设，而重庆市特殊的地形导致城市内道路曲折，城市主干道经常采用连续小半径曲线，造成轨道交通线路沿道路敷设困难。因此，山地城市应视地形情况而定，尽量结合地形高差变化，采用深埋等方式，线路可不沿道路敷设。例如，重庆市1号线小什字站—鹅岭段，地处渝中半岛。该区域地面道路曲折蜿蜒，因此轨道交通线路在该段均埋深30m，直接穿越山体及半岛密集路网。2号线的佛图观站—大坪站区段，由于这两个区域内的道路都十分复杂，因此轻轨直接架设于山体之上，脱离了道路的约束。这种铺设方式体现了轨道交通延伸尽量与等高线平行，必要时变直线为曲线，采取连续曲线尽量减少穿山工程量的工程技术。在减少施工土方量的同时，也避免了对山体的破坏和加强了工程的稳定性（**图**6-13）。

（2）设计结合自然减少对生态环境的影响

另外一个典型的案例是地铁6号线的刘家坪站。作为未来6号线与8号线的换乘车站，刘家坪站选址不能建在一步之遥的平地上，而必须采取高架形式架设在水面，轨道距离鸡公嘴河有垂直46m的高差。为了保护生态环境和考虑到河水本身涨落的影响，创新采用了上层三排柱、下层两排柱的型钢混凝土转换结构形式（**图**6-14）。

图 6-13 单轨脱离道路的独立曲线式布局
图片来源：重庆轨道交通网

图 6-14 刘家坪地铁车站滨水设计体现的自然生态理念

这种设计使地铁车站的造型结构与环境尽量协调，并且通过斜坡，为乘客提供了走到河道中充分与滨水空间亲近的坡道。这种设计理念在满足交通需求的同时，兼顾了城市的景观需求，也为未来滨水环境的进一步开发留下了可能性。在雨季到来时，这种设计能最大限度地降低河流对地铁车站基础的冲击力，为地铁车站的稳定性提供了支撑。

在地铁2号线与3号线周边，悬空和半悬空在山谷中的站点并不少见，这种结合自然、因地制宜的设计建设方法，一方面减少了固化地基的成本，另外一方面也节约了宝贵的平坦建设用地。

（3）线路随站点纵向起伏

由于地形高差变化较大，无法按照平原地区站位选择原则，尽量选择城市主干道的十字交叉口设置。线路的确定需要针对站位选择的问题，而站点的位置则受到城市市政设施、周边建筑和地理因素的影响。特殊山岭地区需要现场踏勘，确定车站的位置及出入口方向，再将沿线多个站点通过隧道连接起来。[15]例如，地铁2号线滨江段，从对岸可以明显地看到线路随着地形高低的变化升降起伏，成为重庆一道特殊的城市景观（**图6-15**）。

地铁车站与周边建筑和城市的连接方式也十分多样。从车站与建筑的剖面关系上来看，重庆的地铁车站作为一种特殊类型的山地建筑，受复杂的地形高差影响，需考虑建筑空间及功能与城市空间及地形的融合问题。地上站点需要重点考虑建筑的接地关系，通过掉层、吊脚、筑台等多种方式与地形融合。

例如，在2号线滨江黄家坪车站，区位绝佳，寸土寸金，距离热门景区洪崖洞仅仅不到2km；而临江坡度又极为陡峭，山体几乎垂直于江面。为了减少地铁车站横展面的占地，降低线路整体施工难度，采取双向错层方法进行车站设计。其上层进站、下层出站，再分别与双线线路通过连廊衔接。这样垂直的车站设计方法减少了滨江架设桥梁的施工作业面宽度，体现了布局的灵活性（**图6-16**）。

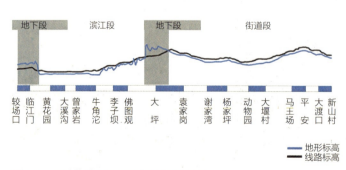

图 6-15　重庆轨道交通 2 号线沿线空间环境
图片来源：谭希，基于轻轨的重庆城市空间整合研究

图 6-16　黄家园车站体现的双向双层设计

6.1.4 空间协同的小结

通过对国内外典型案例的总结和梳理表明，城市轨道交通与城市空间的协同可以分别从区域、城市和节点三个层面论述。区域层面强调轨道交通的远、近期规划如何与城市群大都市圈未来空间布局及发展趋势相协调。在京津冀案例中，显示轨道交通网的构架对整个区域格局和重要交通走向引领的重要影响。城市层面主要体现在轨道交通线网布局与城市空间特征及城市主要交通流线的整合。例如，纽约的客流特征决定了市郊铁路和地铁系统在交通职能与线网布局方面的相互支撑关系。在另外一些城市中，如伦敦、巴黎的"环+放射状"轨道交通线网，则体现出城市空间形态与轨道交通线网构架的高度一致性。重庆特殊地貌形态下的线路和站点设计、综合交通枢纽立体化设计则是从更小的空间尺度，展示了城市空间如何影响站点空间，轨道交通站点又是如何与城市空间相协同。

如果将城市比喻为人体，轨道交通就起到非常重要的骨骼支撑作用，二者在空间上的协同不仅体现为发展规模上的并置，更体现为发展方向上的一致性。

6.2 时间协同问题

除了空间上匹配，从时间轴来看，城市和轨道交通二者的协同更在于历史、现在和未来发生的时机。对《The Great Gatsby》中的经典名句加以改编，可以认为，城市与轨道交通协同的关键在于时间、在于时机。何时开始轨道交通建设，何时满足城市发展的需要，太早或者太晚都不行。时机的精准控制决定了最终的效果：从10年尺度来看，可以展现城市人口、经济要素分布的变迁；从百年尺度来看，轨道交通建设的一点时机错过，可能再也没有机会真正开始。回顾历史，一个轨道交通小镇可能折射出半部南方铁路史；展望未来，更希望巨大的钢铁机器能继续发挥交通功能，为城市服务，为市民的出行服务。

6.2.1 职住演化：北京轨道交通与人口、经济变迁

在城市尺度，包括地铁、轻轨和城际铁路等在内的轨道交通出行，在成为支持日常通勤不可缺少的方式的同时，也使得城市形态发生了天翻地覆的转变。具体来说，可达性的变化导致了人口和就业密度的变化。

轨道交通支持下的城市形态变迁，以北京为例，可以通过居住人口和就业岗位的密度来衡量。事实上，随着交通规划研究重点的转移，更多城市规划学者开始从整个大都市区的职住空间关系入手、从城市形态视角切入，借助地理学的人口统计数据考察工作岗位和住房的空间分

布规律及变化，并以此分析现在和未来人们在交通网络中的通勤行为。[16、17]其中，居住和就业密度成为这些研究关注的核心。目前比较一致的研究结论是，在特定区域内无论是居住还是就业密度的增加，都会产生更多的交通发生量。这些研究也注意到，交通也会影响城市要素的重新分布，从而重塑城市形态。由于交通基础设施的投资巨大，评估交通基础设施建设对城市形态特别是人口、经济等要素流动的影响非常重要。

研究从城市形态概念出发，关注轨道交通、人口与经济以及土地利用之间的互动关系，重点关注三个问题：轨道交通建设下的人口要素（居住功能）空间变化，轨道交通下的经济要素（就业功能）空间变化，职住空间关系与通勤行为的关联。借鉴美国交通分析区尺度的GIS空间分析方法[18]，本节采用乡镇、街道作为基本空间分析单元，将人口普查数据、经济基本单位普查数据通过注册单位地址的空间聚合，统一到乡镇、街道边界内。再通过GIS空间分析方法将这些数据与城市轨道交通线路相互叠加，为交通—人口—经济三者互动模型分析提供支撑。

1. 城市人口分布的变化——郊区化与集中化并存

在区域尺度与城市尺度，轨道交通对人口分布的影响作用机制不尽相同。在京津冀城市群中，总体趋势来看人口向着可达性良好的特大城市北京和天津集中。然而，从街道、乡镇尺度城市内部人口空间的变化来看，城市轨道交通系统完善的同时，人口空间分布同时呈现出面上分散、点上集中两种相反的变化规律——城市轨道交通系统在促进人口向郊区化疏散的同时，也更加向可达性良好的站点集中。

具体来看，一方面，城市轨道交通建设提升了城市郊区的可达性，人口也随着城市轨道交通延伸而形成了郊区化的分散分布趋势。从2000年到2010年，在北京郊区出现了一些地铁或轻轨沿线的居住区，如13号线沿线的天通苑和回龙观等。大部分郊区新城也都依托于城市轨道交通的支持。例如，在2004年版的《北京市城市总体规划》中，作为"两轴两带多中心"而定位的通州、亦庄、大兴三座新城，分别由通州线、亦庄线和4号线南段支持。值得关注的是，远郊区为了支持新城发展，建设与城市中心区相连接的轨道交通线路的积极性非常明显。在2010年已经投入运营的房山线，与当时建设过程中位于丰台区管辖范围内的9号线南段之间形成的"不联网"断头线路，便成了典型案例。

在人口随着轨道交通向郊区疏解的同时，在城市轨道交通可达性较好的节点附近，特别是在多条轨道交通线路交叉的优势区位，人口密度进一步增加，体现了集中和极化分布的趋势。美国的研究表明，人口倾向在可达性良好的地段集中，因而郊区修建高速公路等基础设施通常可以吸引到更多的住户迁入。与此研究结论类似，北京案例表明，城市轨道交通对重塑人口分布的作用，同时体现在均质化的分散和集中化的向心作用两个方面。

在北京案例中，轨道交通由于属于大运量、便捷化的交通方式，其区位优势逐渐在市民居住地选择过程中得到认可。"地铁房"的概念被开发商提出，并逐渐被市民接受，尤其在多条

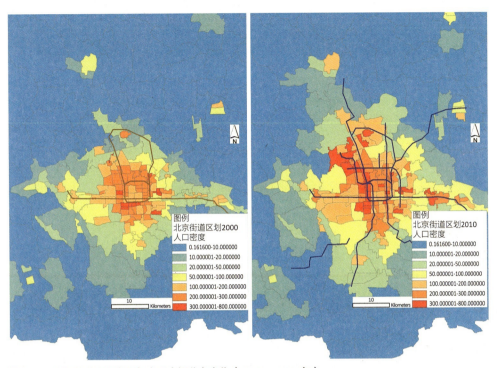

图 6-17　城市轨道交通发展与人口空间分布变化（2000～2010 年）

地铁线路交汇处，10年之间人口密度增加的趋势非常明显。例如，北京2号线、4号线和13号线交叉的西直门站附近，10号线和4号线交叉的海淀黄庄站附近等，都显示出人口的加密趋势（**图6-17**）。在城市尺度，人口密度的变化除了交通基础设施增加还有着诸多原因，如就业地点变化、学区因素和其他公共服务设施的临近性等。虽然城市轨道交通基础设施并不是唯一的居住地考虑因素，但边界的出行条件扩展了人们在城市中的活动范围，提供了更多接近良好就业岗位、就学机会和公共服务设施的可能性。因而，在乡镇街道尺度，总体上来看，在城市轨道交通密度较高的地方，通常人口密度也较高。

以北京为例，在城市尺度的研究中显示，由于轨道交通节省了通勤时间，人们可以选择在更远的郊区居住；与此同时，轨道交通节点位置的交通优势更加突出。[19]

2. 城市就业分布的变化——集中力量占主导

当城市用地因为轨道交通建设而实现增值，城市中的经济活动空间布局也随之发生变化，导致就业岗位的变迁。根据第3章中的土地价值模型，经济活动相对于居住功能对区位选择的敏感性斜率更高，因而受交通基础设施的影响也更明显。

在北京从2000年到2010年，从街道乡镇尺度城市就业的变化来看，轨道交通系统完善的同时，就业空间呈现出明显集中化的分布规律，形成几个明显的就业中心。总体上以从业人口密度上看，轨道交通基础设施对就业中心形成了非常有力的支撑，特别是在轨道交通交叉的节点位置，便利的交通连接性吸引了更多企业，从而形成了明显而突出的就业中心，如国贸、金融街（西城区）和中关村等，形成了三大主要的就业中心集中地（**图6-18**）。

在轨道交通网络化的同时，就业空间单中心的趋势仍然十分明显，郊区就业次中心十分不发育，也尚未呈现出多中心的就业格局。与人口分布郊区化的分散力量相比，虽然轨道交通也提升了郊区的可达性，但在轨道交通沿线的郊区就业中心目前在等级、规模和就业人口密度上仍远远达不到主要中心的强度，距离多中心格局中的次中心凝聚力仍有一定差距。[19]

美国的经验和案例研究结果表明，经济中心会随着高速公路等交通基础设施的建设迁移到郊区，寻求更低的办公成本形成经济次中心。[3]例如，研究表明，在西欧与东亚人口较为密集的大都市圈，如伦敦、巴黎和东京，都出现了不同程度的就业多中心格局。[8]而相比之下在北京案例中，城市轨道交通对重塑就业分布的作用主要体现为极化的力量——就业中心变得更加集中，密度更大，中心性也更突出。这可能与市场经济转型期中，企业更自由地进行区位选择、向可达性更好的地段集中有关。

3. 城市轨道交通对城市职住空间关系的影响

在人口空间分布和就业空间分布10年间同时发生变迁的同时，城市尺度的职住空间关系也发生了重要变化。在1998年福利住房分配制度没有结束之前，与中国大多数城市相似，北京大部分居民的居住和就业都在同一单位院墙之中，形成"职住合一"的空间模式。这与计划经济时期"单位制"的延续性影响有关，工作在单位院墙中，单位分配住房也在同一院墙内，

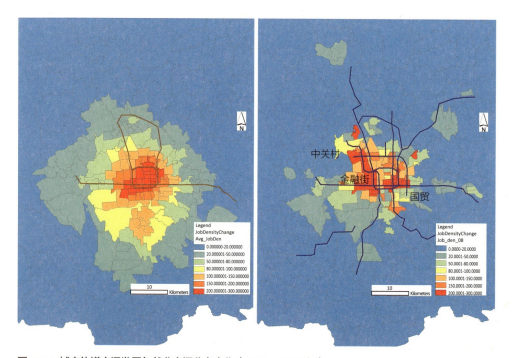

图6-18　城市轨道交通发展与就业空间分布变化（2000～2010年）

形成了独特的"职住绑定"特征。

然而从1998年福利住房分配政策结束之后，城市居民开始自由选择居住地点；随着大量工业企业的改革和改制，居民的就业地也呈现出越来越灵活的趋势。从2000年到2010年，快速修建的交通基础设施加剧了就业和居住地点之间的职住空间关系变化，城市轨道交通基础设施为其变化提供了更多的移动性支持。自21世纪以来，北京城市轨道交通经历了飞速发展，线路数量从2000年的3条增加到2019年的22条（包括机场线），城市轨道交通总里程也增长到了775.60km（2019年）。与此同时，城市的职住空间关系也发生着改变，从改革开放前以单位制为核心的"职住合一"，逐渐转变为转型期与住房市场化、居住郊区化趋势相伴的"职住分离"。这些变化使北京成为研究轨道交通带动下城市形态演变的典型案例。[20]

轨道交通的发展带来人口与就业空间的重新分布，也使城市职住空间关系发生了根本性变化。从2010年的职住比（job-housing balance index，JHB）来看（**图6-19**），北京城市中心区的就业中心与居住中心的分离已经十分明显，从而呈现出职住分离的城市交通形态。在美国的研究中通常认为，城市空间形态会对通勤行为产生重要影响；甚至有学者将职住分离的城市形态认为是导致远距离通勤的"原罪"。

用城市轨道交通进出站客流量衡量，可以发现职住比与城市轨道交通通勤行为有着很大程度的关联。职住空间关系极度失衡的空间单元，通常也是轨道交通客流压力非常大的地方。这些职住比极高的空间单元是突出的就业中心，以分布在城市中心区为主；而职住比极低的空间

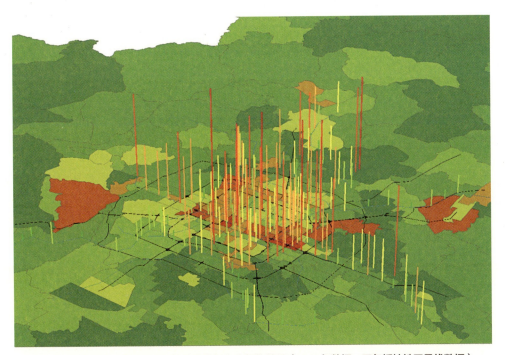

图6-19　北京城市中心区职住比与地铁通勤行为之间的关系（2010年数据，不包括地铁四号线数据）

单元，是集中的居住中心，以分布在城市郊区为主。例如，在居住中心如天通苑、回龙观、古城，以及就业中心国贸、东直门、西单、中关村等，在不平衡的职住关系下，柱状高度所反映的地铁车站进出站客流数量也非常高（**图6-19**）。

因而，轨道交通作为大运量交通方式，在就业中心和居住中心由于每日通勤需求，都会形成客流"势能"压力。在极端情况下，极度分离的居住和就业关系会给轨道交通基础设施带来大的客流强度压力。从柱状图代表的轨道交通客流来看，在职住空间关系比较失衡的地区，无论是较强的就业中心还是较强的居住中心，都会产生较大的轨道交通客流强度。

个体层面从居住地到就业地的出行需求在城市层面汇总，形成了城市的主要交通流线。进一步的量化分析证实，对比街道乡镇尺度的职住比（X_i）与早高峰时期客流强度（Y_i）显著的正相关关系（R^2=0.3077）。

$$R = \frac{\sum(x_i-\bar{x})(y_i-\bar{y})}{\sqrt{\sum(x_i-\bar{x})^2 \sum(y_i-\bar{y})^2}} = \frac{\sum x_i y_i - \sum x_i \sum y_i / n}{\sqrt{\left[\sum x_i^2 - \frac{1}{n}(\sum x_i)^2\right]\left[\sum y_i^2 - \frac{1}{n}(\sum y_i)^2\right]}}$$

职住比直接影响着早晚高峰时期的轨道交通出行特征和线路的不均衡系数。两者的相关性系数分析体现了城市中居住与就业布局和轨道交通客流强度的强相关关系（**图6-20**）。对于职住比较高的就业中心来说，早高峰时期流入的人口大于流出人口，形成了出站大于进站客流的情况；而对于职住比较低的居住中心来说，则恰恰相反。城市形态中的人口和经济要素在空间中并不是均质分布的。从居住地和工作地之间的朝夕"势能"，形成了城市形态对轨道交通的最重要影响。因而，对轨道交通线网进行规划时，需要根据所在城市形态中的职住空间关系和城市主要客流线进行布局。

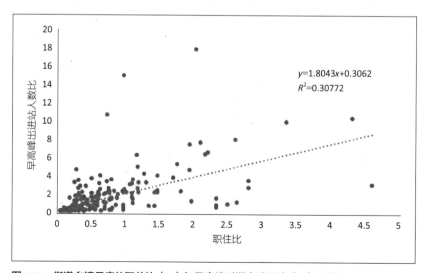

图 6-20　街道乡镇尺度的职住比（X_i）与早高峰时期客流强度（Y_i）显著的正相关关系

4. 小结

本案例关注轨道交通的带动下城市形态的变化。在"人口—经济—交通"的分析框架下，北京案例表明，随着城市轨道交通系统的完善，人口分布同时出现了沿着城市轨道交通线路的郊区化分散以及在网络交叉节点上集中两种空间变化趋势。就业的空间分布则主要体现为极化作用，就业岗位更加向可达性良好的节点集中。在人口、就业分布变化的同时，城市的职住空间表现出明显的分离，在职住比极高或极低的地方都容易出现较大的城市轨道交通客流压力。

在美国现有的城市交通形态相关研究中，经历了从关注交通网络本身到就业可达性再到更大尺度上的职住空间关系的转变。目前研究关注点已经转移到已有的城市形态对交通行为的影响上，并提倡以适当的高密度、混合利用等土地利用政策来降低交通发生量。然而，快速城市化背景下的中国城市，快速的轨道交通建设更从宏观尺度上改变了城市人口、就业的空间分布，也导致了职住空间分离。交通基础设施建设在提供便捷连接的同时，引发职住分离现象，也给城市带来新的交通问题，以及更大的综合交通压力。[21]

目前国外研究多集中在交通模型构建和可达性等指标测度等交通本身问题的探讨，而忽视了交通基础设施建设可能对城市和城市群的形态——空间、社会和经济等综合过程的影响。从空间视角来看，将城市形态与交通基础设施特别是城市轨道交通相关联的综合研究和政策分析仍不多见。在北京城市尺度的案例中，人口和经济调查数据的完善与GIS技术的发展支持了这些内容的实现。在此背景下，本案例以城市尺度为例，采取GIS的空间分析方法，分析北京轨道交通对城市形态演变的带动作用；尤其关注随着轨道交通系统的完善，人口分布、就业岗位和职住空间关系的变化。最后，利用地铁流量数据分析城市空间格局对城市通勤可能产生的影响。在中国轨道交通快速发展的背景下，研究轨道交通与城市形态的互动关系，将为塑造合理的大都市圈职住空间关系，制定土地利用与交通协同发展政策提供政策依据。

6.2.2 城市转型：辛辛那提的交通与城市兴衰

辛辛那提位于美国中部，历史上曾经因为位于俄亥俄河和美国南北分界线上的工业文明而著称；在发展历史上，经历了从水运、铁路再到城市绿道和有轨电车的变迁，交通反映城市发展的时代需求和兴衰。辛辛那提的案例阐述更多的是，经历了工业时代的辉煌和城市转型之后，废弃的区域交通基础设施如何结合城市新的增长点和发展需求进行再利用和带动城市再生。在交通方式上，由于历史上种种因素，仅仅停留在计划层面，最终城市的轨道捷运系统也没有成功建成，取而代之的是兼具观光功能的城市有轨电车（tram）。在研究方法方面，基于GIS的土地利用分析法，在分析四个典型时期交通基础设施沿线的城市功能变化方面得到应用。

1. 铁路黄金时代的落幕

在美国交通发展历史的大背景下，辛辛那提同样经历了交通方式与城市形态的变迁。早期辛辛那提依托河道而兴盛，整座城市以俄亥俄河为主河道，河道支流密布。除了自然水道，为了促进工业发展与货运，城市还开凿了人工运河。1820年"迈阿密—伊利运河"开通并通过辛辛那提市区，运河连通五大湖与俄亥俄河，成为城市工业发展赖以支持的重要经济命脉。[22]

然而，第二次工业革命之后，城市水运开始衰退而陆路铁路交通开始兴起。19世纪末至20世纪初，辛辛那提铁路网络曾是东北部、中西部与南部之间重要的铁路中转枢纽，有7条铁路线向四方辐射，一度与芝加哥一起成为美国中部的铁路枢纽城市。[22]1928年辛辛那提市在城市西区建立联合车站（Union Station），在鼎盛时期，该车站可每天到发108对列车。从20世纪30年代开始，随着高速公路建设，美国铁路系统经历了普遍衰退，辛辛那提的枢纽地位已经大不如前（**图6-21**）。[23]

图6-21　辛辛那提区位

在美国交通运输发展历史视角下考察辛辛那提城市变迁，可见交通作为城市发展中的重要因素，其兴衰更迭也会伴随着城市经济、城市形态以及在区域中的地位等一系列变化。在美国交通运输发展的大背景下，辛辛那提的城市与交通也随之同起同落。

笔者通过梳理城市主要交通方式的变迁历史，探讨交通运输设施的更新对城市形态带来的影响，可以分析辛辛那提在新时代如何应对挑战，通过从水运、铁路、绿道到有轨电车四种交通方式，结合时代背景探究四个时代产生与更替的原因。研究联合车站、芬德林市场等案例总结辛辛那提在新时代如何继续通过合理利用交通有效地带动城市更新，进一步强调交通特别是轨道交通在城市发展中的重要作用。

2. 交通方式的起落更替

由17世纪城市起源至今，以城市空间轴线的功能为标准，可将辛辛那提的发展史分为四个阶段：城市初期时依托自然河道条件而发展的运河时代，工业化阶段时由铁路承担经济命脉的铁路时代，铁路时代的"插曲"——"半途而废"的捷运时代，以及后工业化阶段以内城更新为主旨的绿道时代（**图6-22**）。梳理四大时代可看出，随着时代背景变化与科学技术革新，城市的主流交通运输方式也在不断变迁，但运河—铁路—捷运—绿道的轴线几乎重合，城市发展的骨架未曾改变，由此可见，交通系统在城市中的重要地位——既是城市运营的动力因素，也是决定城市发展轴线的重要因素，同时随着交通方式的更迭，出于经济成本的考虑与城市空间的合理安排，早期依交通线路而生长的城市骨架依旧延续。

（1）19世纪初期至中期——运河时代

1820年，沟通五大湖和俄亥俄河的迈阿密—伊利运河开通并通过辛辛那提市区（**图6-23**），

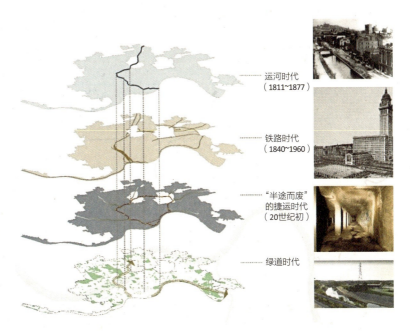

图 6-22　延续四个时代的城市骨架

成为第一条连通俄亥俄河与五大湖的运输动脉,从此航运与汽船建造成为城市的主要产业,带动辛辛那提的经济发展。1842年,辛辛那提已成为美国第四大城市,是全国领先的屠宰和肉类加工中心。这一鼎盛时期也成为城市铭记的骄傲——辛辛那提的城市标志物是一只粉红色飞猪,城市中也设有飞猪形象的雕像。

然而,在19世纪中期和末期,辛辛那提市逐渐经历了运河的衰退。运河作为交通工具有着诸多局限性,如冬季无法通航、常有洪水泛滥,成本高、效率低,易传染疾病等。加上伊利运河对五大湖地区的分流,辛辛那提的运河时代在19世纪中期由盛转衰。1851年,迈阿密—伊利运河的吨位和通行费开始下降;1895年,由于运营困难不得不停止运营。1839年建成的第二条运河——白水运河,本应为辛辛那提西部和西北部的俄亥俄州和印第安纳州社区服务,运营公司却因高昂的建设费用与维护成本迅速破产,运河也在1860年被铁路公司收购,结

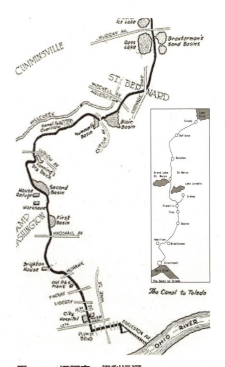

图 6-23　迈阿密—伊利运河
图片来源:Carl W. Condit, 1977, The Railroad and the City-A Technological and Urbanistic History of Cincinnati, Ohio State

束了短暂的12年寿命。[22]

辛辛那提的运河时代就此终结，成为当地人独有的历史情怀，但在同一时期，运河的连通使得制造业迅速发展，人口成倍增长，城市空前繁荣，进一步推动了工业发展和蒸汽船的研造，并为后期铁路的铺设积累资本。从更长远的视角来看，随着运河自南向北开凿并贯穿城市，辛辛那提确定了城市骨架的雏形。

（2）19世纪中期至20世纪中期——铁路时代

在从运河时代转向铁路时代的过程中，为了尽量少占用其他用地而产生成本，铁路选线大多利用原有的线路，就此古老运河承载的城市骨架又得以延续（**图6-24**）。在19世纪至20世纪中期，辛辛那提曾一度成为美国铁路的重要枢纽城市，承载着东部到西部之间的铁路中转枢纽的重要作用。

19世纪初，美国全国开始兴建铁路，铁路时代就此拉开帷幕。尤其在1843～1860年，美国处于经济的"起飞"阶段，铁路在这一过程中起着决定性作用。据统计，1890年，铁路对国民经济的贡献值已高达当年国民生产总值的6.3%[7]。在这样的时代背景下，辛辛那提由于位于美国中心位置，也迎来了铁路建设带来的黄金时代，甚至一度成为连通美国南北的枢纽。

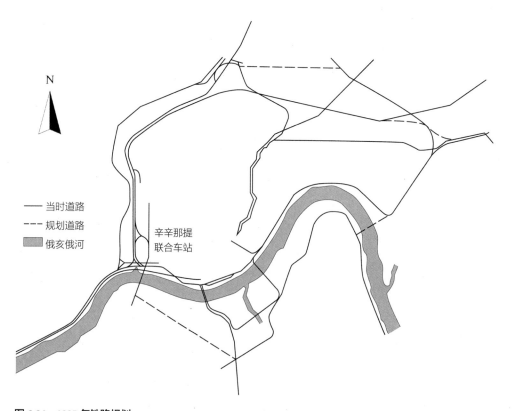

图6-24　1925年铁路规划
图片来源：1925 Official Plan of the City of Cincinnati

伴随着交通的延展，城市经济快速持续增长。1847年，所有线路均投入使用，运营比率高达50.8%，运营费用仅占收入的一半，自齐内亚线建成到辛辛那提最后一个独立客运站开通的9年间，乘客人数增加550%，总收入增长1342%。[22]

铁路的建设为城市带来机遇，城市因此发展，同时又为铁路的建设与技术的进步积累大量资金。而这种良性循环随着铁路黄金时代的终结，以及邻近城市芝加哥的爆发式崛起而渐渐停止。19世纪的宏大计划——西部大铁路本旨在连通拉曼卡、纽约、东圣路易斯、代顿和辛辛那提，但最终由于芝加哥的竞争而搁浅。辛辛那提联合车站的铁路客运量统计，反映了铁路作为交通方式的兴衰历程（**图6-25**）。1920年为铁路鼎盛时期，随着第二次世界大战爆发持续走低，战争结束后有所回暖，同时时代背景也发生变化，随着汽车、公共汽车和卡车成为客货运输的主要载体，美国铁路业也于第一次世界大战前后开始衰落，在经济大萧条时期达到转折点，并在第二次世界大战结束后得到巩固。造成这一变化的因素很多，包括铁路费率调整不灵活、政府向公路而非铁路提供补贴、铁路管理的失败等[8]。到了20世纪50~60年代，辛辛那提的铁路辉煌时代正式终结，联合车站也同时废弃。

（3）20世纪初——搁浅的捷运地铁系统

铁路黄金时代结束的同时，美国很多城市都开始兴建城市轨道交通。辛辛那提也计划兴建捷运地铁，来解决不断拥挤的城市交通问题。在1925年，工业化的不断发展使得城市日趋拥挤，效仿英国伦敦大都会地铁成为解决城市拥堵的主要方式。

辛辛那提市政府为此筹款600万美元，踌躇满志地展开捷运地铁建设计划。然而，由于机不逢时，项目先后遭遇第一次世界大战、战后通货膨胀、经济大萧条及第二次世界大战等重大事件而被一停再停，随后汽车的大规模普及也使得兴建捷运地铁的必要性被质疑。直至1966年，辛辛那提市在总共偿还了1300万美元利息之后，宣布彻底终止捷运地铁项目，也彻底封死捷运地铁出入口。曾被寄予厚望的捷运地铁系统就此搁浅。[24]

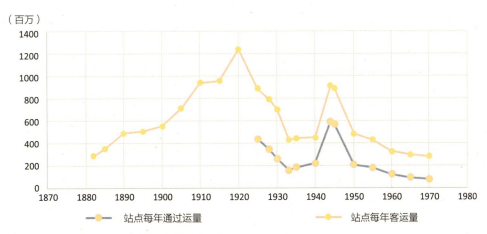

图6-25　1860~1980年辛辛那提铁路年客运量

即便捷运地铁最终未能落地，但依据其1925年的规划线路可见，其主要构架依旧延续运河与铁路的部分线路，这也证明在城市生长过程中交通基础设施的深远影响。[25]依托原有运河的捷运地铁系统没有最终实施，除了大萧条时期的财力因素之外，也与人们当时的文化价值与社会认知有关。例如，在19世纪20~30年代，人们对城市地下空间开发的意识并不强，并认为由于产生了巨大噪声和黑色烟雾而被想象是"来自地狱的灵魂召唤"。一些媒体甚至报道讽刺刚刚修建的车库和车辆段，认为是地下的"城市坟墓"（**图6-26**）。

（4）20世纪后半叶至今——绿道时代

由于财政能力的局限性和工业衰退，在美国其他城市地铁快速修建的同时，辛辛那提搁浅的捷运地铁计划一直没能完成。随着工业辉煌时代的褪去，辛辛那提开始涌现一系列城市问题——内城社区的衰落破败、闲置的交通基础设施以及其导致的灰色消极空间等。[24]

针对以上问题，辛辛那提市政府重新推出了城市振兴计划，将废弃的铁路拆除布置成为城市绿道；同时，沿原有交通线路布置绿轴，用充满吸引力的公共空间置换消极空间，沿线结合鼓励商业开发的政策，以激发城市活力，使城市空间更为亲切宜人（**图6-27**）。

3．从工业城市到绿色城市

（1）城市土地利用——交通基础设施沿线的土地利用变化

交通基础设施的改变不仅影响城市长期发展，也在潜移默化地改变交通设施周边的土地利用。在四个不同时期，交通基础设施沿线的土地利用类型也随之改变。例如，在航运时期，运河两岸以畜牧、木材、棉花等仓储为主。美国南北战争时期，辛辛那提作为南北分界点，成为南方大量黑奴偷渡至北方的必经之处，他们到"自由城"之后急需工作，由此出现大量低廉的劳动力，对辛辛那提的城市发展提供了极大帮助。

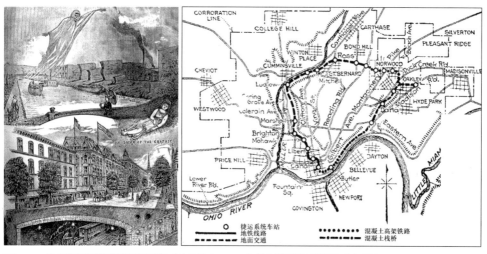

图6-26　依托运河河道修建捷运地铁（左图）与1925年捷运地铁规划线路（右图）
图片来源：辛辛那提市联合车站博物馆

南北战争之后，南方种植园经济衰退，木材与棉花运量减少，航运也随之退出历史舞台。运送工业原材料的火车成为主导运输方式，铁路周边的用地也多数为工厂与仓库（**图6-28**）。随着制造业的发展，铁路沿线的土地开发为铁路公司带来收益，成为弥补铁路本身运营亏损的重要收入。

在20世纪70年代后，铁路逐渐衰退和废弃，在既有的交通基础设施沿线，绿地逐渐取代了原有的工业用地，而服务于市民休憩。部分原有的交通基础设施大多转变为绿色廊道和骑行道，以满足社区居民的游憩和休闲的用途。在绿道时代，废弃的交通基础设施则为市民的休憩而做出功能上的改变（**图6-29**）。

（2）城市枢纽建筑功能更替——辛辛那提联合车站的重新开放

在铁路黄金时代，辛辛那提联合车站连接7条铁路，每日可到发多达108对列车。第二次

图 6-27　捷运地铁地上的绿道
图片来源：辛辛那提市联合车站博物馆

图 6-28　运河沿岸仓储厂
图片来源：辛辛那提联合车站博物馆

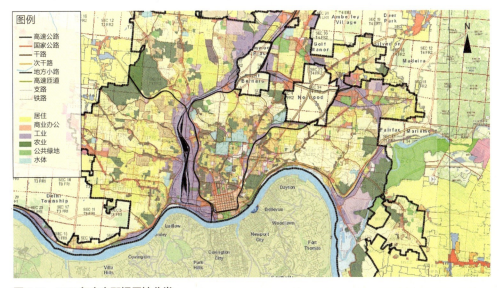

图 6-29　2018年辛辛那提用地分类
图片来源：辛辛那提市规划局官方网站土地利用图

世界大战期间，它更是经历了惊人的客流高峰，作为"通往西方的门户"，每天要到发200多对列车，高峰期有34000多名乘客。[26]

然而随着铁路整体衰退以及一系列铁路停运，联合车站也于1972年被废弃。这座闲置的大体量建筑一度被称为"white elephant"，即昂贵又无用之物，所幸车站位于城市边缘而非中心，由此避免被房地产取缔的悲剧，加之市民与大学生们对其装饰艺术保护的呼吁，最终车站被作为历史古迹保护起来。[27]此后联合车站的服务功能逐渐取代交通功能，如购物中心、图书馆、各类博物馆、电影院等，为市民在市中心提供亲子性、娱乐性与休闲性的场所，其圆形大厅下的乘客下行坡道几年来一直被用作跳蚤市场，也可看作是交通功能退化、城市服务功能增加的细微体现。

除了功能上的演变，联合车站还在一些细节上进行了改造。例如，屋顶铺设绿植，使其成为可供人们活动的创新性户外空间，同时改善屋顶区域的隔热性能，保护湿气屏障，使其免受紫外线辐射的影响，并涵养雨水。再如，针对其停车需求进行站前广场的再组织，博物馆的停车需求估计在大约1200辆车和多达40辆公共汽车的范围内。加上员工停车位，车位将达到1400个。[27]为满足这一要求，规划在车站东、西两侧新建汽车停车场，东侧设巴士停车场，并将货物流线与普通客流分开。广场两侧为露天广场与绿地供休憩和展览使用，使车站入口广场有序而不失活力（**图6-30**）。

作为被废弃的交通基础设施枢纽，联合车站的改造同样表现出了城市更新中的许多理念，如可持续发展、营造公共空间、闲置设施的利用等。目前作为交通枢纽，车站平均每天仅有40名乘客，但车站为市民带来的活动场所与其象征的历史意义更为重要，车站已不再作为交通枢纽而使用，而是在经历一系列的改造后成为新的城市文化名片。

图 6-30　辛辛那提联合车站的屋顶绿化（左图）与站前广场（右图）
图片来源：Cincinnati Museum Center Restoration and Renovation Plan

（3）城市交通形态——新兴的有轨电车带动的城市衰落地区再生

在辛辛那提市最近的发展中，除了尽量利用以往废弃的城市交通基础设施，也通过新增新型城市公共交通基础设施的方式来带动传统地区的发展。

在21世纪，辛辛那提市政当局和规划师提出了很多活化社区的方案。在2017年开通的有轨电车就是其中的重要举措，通过交通方式提供衰败社区与城市中心的连接，成功吸引了往来人群而增加了活力。

在2017年，城市有轨电车却被重新启用，名为"辛辛那提钟声连接者（Cincinnati Bell Connector）"的有轨电车将城市内重要的文化设施如政府广场、喷泉广场、当代艺术中心、华盛顿公园等串联起来，成为城市中的靓丽风景线与现代化的移动性象征，以达到相互促进联动（**图6-31**）。然而，从线路设计上来看，目前运营的电车依旧存在局限性，即无法将居住区与就业点有效连接，市民的就业可达性并未得到改善。

有轨电车将城市中的一些关键吸引点串联起来，连接了城市中心的CBD地区与中城区（Middletown）最为衰败的邻里。然而由于财政限制，有轨电车并没有完全连接城市中心区的就业地和城市郊区居住地，而只是连接到郊区与城市中心区之间的过渡地带，这些也是城市最为衰败的社区。因而，有轨电车的开通并没有起到服务于主客流线的通勤作用，实际上选择有轨电车通勤的乘客并不多，后期运营问题——乘客数量很少导致收支难以平衡。

尽管有争议，有轨电车确实带动了城市中心最为衰败邻里的复兴，并且提升了城市活力。典型的案例就是位于中城区终点的芬德林市场（Findlay Market）。在无制冷技术的18～19世纪，公共市场是美国人口稠密城市的主要食物供给处，居民们在那里购买难以储藏的食物。包括辛辛那提在内的许多城市，建造和经营大型市政市场。辛辛那提在南北战争开始时运营了9个公共市场。芬德林市场是其中唯一幸存的、俄亥俄州最古老的市政市场。其南侧是著名的"莱茵河上（Over the Rhine）"社区，该社区在1900年人口高达44475，其中约75%是德国人（http://www.findlaymarket.org/history）。"莱茵河上"社区，曾

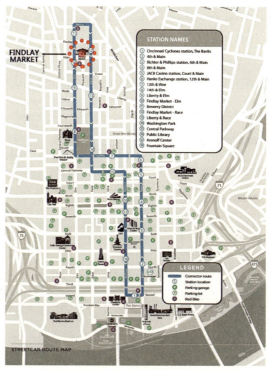

图6-31 Cincinnati Bell Connector 线路图
图片来源：辛辛那提市规划局官方网站

是19世纪美国凝聚力最强的社区之一。然而好景不长，随运河而来的霍乱、伤寒等疾病使得有条件的住户搬离社区至周边的郊区，同时因工业与人口逐渐向五大湖聚集，加之美国城市普遍的郊区化，古老的"莱茵河上"社区由此衰落，成为环市中心商业区的贫民窟。

通过有轨电车的连接和建筑立面更新，芬德林市场内包含多个国家的餐馆，将德国人的酿酒工厂改为酒吧，同时保留原始的长亭，并改善两侧建筑立面（**图6-32**），市场也经常举办活动，鲜艳的立面、多样的业态与丰富的活动成为街区的一大吸引点。

4. 小结

辛辛那提快速发展于18世纪后期，俄亥俄河及其三条支流为城市航运的蓬勃发展以及跨区域交易提供了便捷的自然条件，至1827年以前，城市依托自然水道与运河得以发展，此后以小迈阿密铁路的建设为起点，辛辛那提进入更为繁荣的铁路时代，并逐步成为美国铁路枢纽城市与工业中心，铁路代替航运带动城市快速发展。但随着20世纪铁路的衰落，以及在与芝加哥的竞争下，辛辛那提逐渐失去了枢纽地位，城市不复先前兴盛，经济低迷，人口增长率下降，同时铁路兴建时遗留下来的消极空间也为城市发展带来桎梏，噪声与空气污染侵蚀着市民的生活。1920年，为解决交通拥堵问题，发行债券筹集了600万美元修建全美第一条捷运地铁，在经历两次世界大战与通货膨胀后，该项目由于经费不足被迫暂停，已修建的地下隧道被搁置至今，城市也为此背负大额债务。综上所述，辛辛那提由交通的兴盛而迅速繁荣，最终也因交通方式的变迁而失去原有的发展动力。

纵观辛辛那提200余年的城市交通发展史可见，交通的发展可以带动城市的进步，城市的经济增长也为交通基础设施的完善与技术的研发提供资本，另外，交通的衰落会使得城市一同衰落，而财政告急的城市也无力承担高昂的交通经费，交通与城市之间自始至终是一荣俱荣、

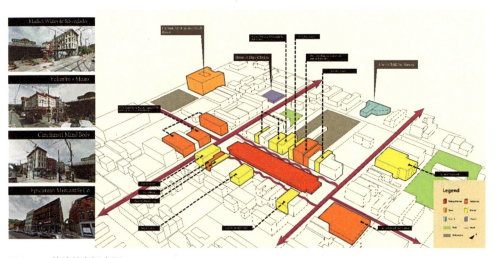

图 6-32 芬德林市场立面
图片来源：辛辛那提大学设计、建筑、艺术与规划学院学生毕业设计作品

一损俱损的相互作用关系。在城市形成初期，交通可作为城市生长的结构骨架，侧重于空间上的约束与引导，在工业发展的枢纽城市时期，交通是城市经济的动脉，在可持续发展的绿色时代，交通已不再扮演空间延伸或经济发展中的重要角色，然而辛辛那提依旧可将其看作一个契机——不再依托其传统运营或通勤的功能，而是借助废弃的交通基础设施再利用，衔接城市历史文脉，活化城市空间，助力老城区的再造与复兴。

6.2.3 再现历史：北卡斯宾塞轨道小镇的历史保护与再生

回望历史，轨道交通对于凸显城市工业文明有着重要的作用。随着轨道交通本身技术的进步，在历史的长河中，轨道交通在城市中扮演的角色可能随着时间的推移而发生变化。例如，以美国北卡罗来纳州（以下简称北卡）斯宾塞（Spencer）小镇为例，阐述了因交通兴起的小镇，在交通衰落后如何发挥文化潜力，通过转型为北卡交通博物馆，带动城市可持续再生。

铁路工业遗产承载着现代工业文明的结晶，也是透视国家交通基础设施建设、发展和转移历史的一把钥匙。[28]随着区域与城市快速发展、技术革新与贸易转变，大量铁路工业园区被废弃后遗留下来成为城市中的消极空间。如何根据新时代经济发展和工业文化价值的需要，对这些传统时代的废弃铁路工业遗产进行再利用，并带动周边地区发展，成为带动城市可持续再生的重要课题。[29]

以美国为例，铁路系统的兴衰起落是一部记载国家独立、南北战争与贸易垄断等重要历史篇章的宏大史诗。虽然当代美国已经步入后工业化时代，联邦和地方政府非常重视保留传统铁路工业园区，充分展现园区在历史辉煌时期对经济、社会发展的特殊价值，并将新的创意与文旅功能融入其中，起到了良好的公益和文化价值发掘作用。美国从建国至今的200年历史中，工业文明占了很浓重的一笔，作为"车轮上的国家"，交通基础设施建设和城市化过程都离不开科技进步。在从第二次工业革命到第一次世界大战的时间内，美国迎来了铁路建设的"黄金时代"，并被认为是支持全美货运流动和国家增长的"钢铁巨擘"和"国家脊梁"。[27]而将历史与科学技术相结合，则体现了后工业化时代的文化价值引导下的传统铁路工业园再生路径。[29]

中国同样经历了快速城镇化与工业化同步推进的过程，近年来在高速铁路替代普速铁路、城市轨道交通替代传统公共交通的技术进步过程中，很多城市同样面临着废弃轨道交通基础设施再利用的问题。高速铁路兴起，普速铁路衰退，这些更替变化给城市也带来了一轮又一轮的发展与反思契机。本书以北卡交通博物馆为例，探讨废弃铁路工业遗产如何通过土地利用与建筑功能调整带动小镇城市再生。如何在后工业时代转型背景下，实现传统工业园区转型和创意文化趋势带动下的可持续再生，这对中国城市未来发展有着深远的意义。

1. 南北战争中崛起的南方铁路

北卡交通运输博物馆，基于南方铁路公司最大的蒸汽机车的维修站——斯宾塞小镇而建设。[30]这个交通运输博物馆的建设始于1896年，是为了纪念南方铁路第一任总裁塞缪尔·斯宾塞。

（1）美国南方铁路的迅速扩张

美国铁路起源于19世纪30年代，以私人资本投资为主，只在第一次世界大战期间由国家所有[2]、[30]美国铁路早期的发展十分迅猛，南北战争爆发时，美国大陆3万mi（1mi=1.609344km）的铁路线纵横交错。[31]最初各家铁路公司铁轨的尺寸和使用的设备都没有统一的标准，也缺少轨道之间的连接。并且由于大部分铁路机车等生产厂家都在美国北方，因而美国北方的铁路水平要高于南方。这也是美国北方赢得南北战争胜利的重要条件之一。[32]但同时铁路也是美国南方转型时期经济社会发展的重要因素。

斯宾塞小镇的火车维修站，全面而系统地反映了美国南方铁路公司的发展史。在南北战争之前的19世纪50年代，美国南方铁路公司成为世界上第三大铁路系统，其里程仅次于美国北方和英国铁路的总里程。在1861~1865年进行的南北战争中，新兴的资产阶级获胜，但资本主义工业的发展则需要开发利用位于各地的物质资源，而传统的水运却受到了地理条件的限制。[33]例如，当时美国矿石主要基地在北部苏必利尔湖区（Lake Superior），南部联邦政府对铁路扩张的狂热来自于与欧洲旧大陆的贸易需求。棉花、木材等是原产于弗吉尼亚州和北卡罗来纳州的产品，依靠专线铁路才能运输到当年作为美国五大港口之一的查尔斯顿，从而实现农产品的价值。并且相比于之前出现的运河，铁路的效率更高，所受的地理、气候条件限制更少，运输成本大大降低。[34]因而，南方的州政府和市政府不断投入资金、技术与人力，支持铁路系统的建设。南北战争结束之后，美国的铁路建设突飞猛进，高潮迭起。[35]从1880年至1890年的10年是铁路增长迅速的10年，增加了超过70000mi的轨道线路（**图6-33**）。

图6-33　1890年美国铁路线路
图片来源：American Railways and the Cultural Landscape of Immigration

由于南方的工业化是以当地的矿产资源和原材料为基础，而铁路的修建则促进了南方的工业化和城市化。相对于美国北方和英国铁路，南方铁路多从内地原产地采取最短路径运输到港口，铁路公司铺设铁路的方案之一即是在无人居住的地方铺设铁路，同时在沿线划定居住区，当火车开通后就会吸引新的居民，从而发展成为城镇[8]。因此，在铁路选线时，并没有形成城市和城市之间连接的交通走廊，而是穿过了一系列小镇，而斯宾塞小镇就是南方铁路线路上的重要节点（**图6-34**）。与中国和大多数欧洲国家不同，美国铁路不是由国家主

图6-34　斯宾塞在铁路线上的位置
图片来源：American Railways and the Cultural Landscape of Immigration

导，而是由美国私营铁路公司建造和运营，采取"私人投资，政府援助"的模式。[35]

当年南部著名的企业摩根大通选择了这个地点，因为它位于华盛顿特区铁路主要终点站和乔治亚州亚特兰大之间的中间位置。在需要密集维护作业的蒸汽机车时代，这样的中间位置非常符合长距离运输的选址需求。

（2）火车维修站小镇的兴起与转型

在1850～1860年的10年间，铁路机车以四倍速度飞速扩展，每年增长7000mi之多。然而，南方铁路系统下属的6个铁路公司之间的衔接性并不好。这个时期六种不同的轨道仪表在北美（美国和加拿大）铁路上得到广泛使用[33]，除少数距离较长的干线外，大部分为短距离线路，轨距复杂，各铁路之间互不连轨（图6-35），货物运输需要经过多次换装才能到达终点，产生了巨大的交易成本。[35]因此，不同轨距与制式之间的转运催生了旅馆、货站和马车等衍生需求，一些中转区位的小镇由此兴起。北卡的斯宾塞小镇正因为位于蓝岭（Blue Ridge）山脉到平原地区的重要中转点，而成为木材、棉花等重要物资运输的重要中转枢纽。

图6-35　不同铁轨尺寸在铁路线上的分布
图片来源：The Standardization of Track Gauge on North American Railways, 1830～1890

到了南北战争时期，为了便于运输和统一指挥军队，美国南方政府将铁路归为陆军所有，并强制统一了运输标准。然而统一的运输标准并没有使得这些小镇衰落，相反蒸汽机车时代技术因素的影响和南北战争时期民用物资缺乏，使得火车维修站的重要性越来越突出。[35]

由于当时蒸汽机技术的限制，铁路机车和车厢会在行驶过程中因为加热、加压而严重磨损，每次运行后都需要严格维护，很多部件都需要定期更换和调整。[36]在南北战争时期，由于物资限制和军用物品生产有限，不可能有新的火车机车快速被制造出来，而集中建设的火车维修站就像战地医院那样，为尽可能延长机车寿命起到关键作用。得益于斯宾塞火车维修站源源不断的后方补给，南方陆军在通过现代交通工具提升军事移动性方面取得了明显优势。[36]

到19世纪末期，南北战争结束、内燃机车时代来临，机车维护的重要性降低，斯宾塞小镇作为铁路枢纽的辉煌时代结束。虽然在鼎盛时期机车维修站曾经雇佣超过3000名员工，然而在内燃机技术普及之后，需要的维护人员数量大大削减（图6-36）。到1960年，维修厂正式倒闭，随后1970年货物仓库也面临倒闭。

从1977年开始，南方铁路公司开始将斯宾塞车站定位为北卡罗来纳州级的历史文化遗产，并作为北卡交通博物馆对外开放。最初在1983年开放时，开放地点仅仅包括三座车间和检修转盘。在随后几年间，博物馆不断接收实物捐赠和捐款，也逐渐成为废弃轨道交通基础设施利用的典范。

2. 土地利用更新与特色小镇再生

在斯宾塞仍然作为交通重镇时代，城市土地利用以物流、仓储和交通基础设施用地为主。在改造为北卡交通博物馆之后，不仅在博物馆内部实现了从交通仓储用途到展陈、游憩用途的土地利用更新，更在斯宾塞镇的镇域范围内实现了商业活力的复兴。[37]

具体来看，在铁路兴盛时期的斯宾塞小镇，在土地利用上呈现出典型的交通枢纽城市特征。铁路枢纽一侧是车辆段检修和维护空间，另一侧是仓储和工业厂房。沿铁路线方向向镇中心与铁路平行的街道上，沿街布置商业用地。

在铁路废弃之后，从土地利用总体规划图可见，原有的工业用地和仓储用地大量缩减，而商业、游憩、住宅用地大量增加。从用地功能调整到产业业态转变，显示了城市规划工具在促进斯宾塞小镇产业转型上的积极塑造作用（**图6-37**）。

为配合北卡交通博物馆的展陈、教育与游憩功能，沿老街进行了传统商业布局，以带动城市再生。希望通过增添有地方特色的独特商业，恢复具有美国南方风格的小镇特色，让人们能感受到20世纪初南方铁路建设给地方经济和产业发展带来的影响。例如，原有的站房等转变为展示、商业的空间，一方面为游客展示了北卡交通博物馆的悠久历史，另一方面又提供了商业价值。而车辆段部分予以保留，作为不同年代机车的展示场所（**图6-38**）。

图 6-36 历史上的蒸汽机车（左图）及内燃机车（右图）
图片来源：History on steel wheels

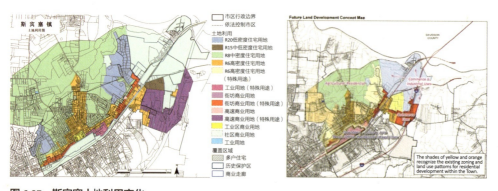

图 6-37 斯宾塞土地利用变化
图片来源：根据斯宾塞2025年总体规划图绘制

此外，原有的仓储以及工业用地等转变为商业和教育用地，其用地上的建筑在外形上予以保留，但在内部空间上做出相应改变迎合其服务性质的变化。同时，也增加了旅馆、咖啡馆和酒吧等游客接待设施，通过这些用地来调配设施的建设，强化了作为交通博物馆的教育功能。事实上，很多来自美国各地的中小学生喜欢选择这个在南北战争时期具有重大军事战略意义的车站驻扎营地，作为军训体验场所（**图6-39**）。

3．轨道历史建筑和设施的再利用

除了土地利用性质改变，历史建筑的使用功能改变也为斯宾塞枢纽的转型提供了契机。作为南方铁路上的重要站点，斯宾塞车站的建筑具有非常典型的轨道交通站场建筑特征。例如，有着浓郁南方风格的会车点小型站台（A）、作为"火车检修站"的大型装备车间（B），以及作为"火车医院"的半圆形蒸汽机车转向与修理车间（F）。这一组建筑尺度巨大，具有典型的蒸汽机车时代站场建筑特征。此外，还有三栋作为维修零件存储的小型建筑（C、D、E），沿着轨道另外一侧依次排开，构成了完整的火车维修站建筑群组（**图6-40**）。[29]

如今，为了作为交通博物馆能更好地进行展示，结合建筑的原有形态，对功能进行了调整和再利用。例如，具有标志性的半圆形蒸汽机车转向与修理车间（F）改为陈放各时期、各种类型的火车展示空间，向心形的辐射轨道恰到好处地形成了天然的主展陈架。[29]同时，为了配合交通博物馆的主题，在展厅B和D、E中，也收藏了历史时期其他交通工具——汽车和航空等展品。这些展品讲述了铁路衰败后，公路和民航兴起的替代更新之路。美国在第二次世界大战

图 6-38 作为交通博物馆展示的轨道交通遗产

图 6-39 中小学生军训体验场所驻扎营地

之后福特主义影响下，汽车逐渐进入普通中产阶级家庭，也引导了战后郊区化的进行。而维修零件仓库（C）成为深受青少年喜爱的主题纪念品商店。

其中，最具代表性的就是半圆形蒸汽机车转向与修理车间（F），外面是一个100ft（1ft=0.3048m）直径的电动转盘，预定修理的机车从铁路车场拖到转盘上的一个卡位上，然后转盘缓慢旋转，直到机车与通向其指定挡位的轨道对齐——如今这个转盘仍然在运转。而其内部空间巧妙地运用了廊架等结构，构建了丰富的布展空间，在转盘改成的艺术长廊中穿插些许交互体验的空间，更全面地展示了铁路"黄金时代"的机车等设备（**图6-41**）。

也有一些建筑仍然保持着原有功能，如火车站台复原了19世纪末期的样子，并且仍然提供游览观光小火车向众人展示。同时，保留了原有的铁路轨道，充分地发挥了铁路的历史文化

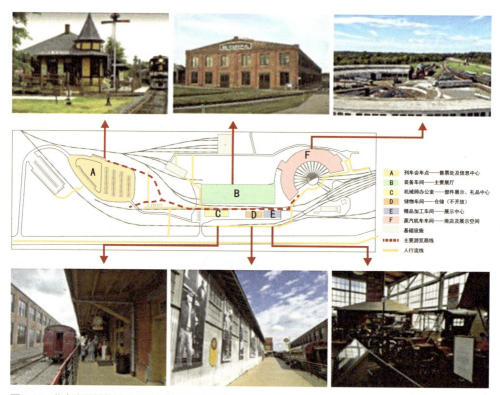

图 6-40　北卡交通博物馆功能分析图及建筑图片

图 6-41　车间改为展示空间

价值（**图**6-42）。

4. 轨道交通文化价值的发掘

铁路的开通曾经在19世纪末期给北卡罗来纳的西部山区带来戏剧性的变化，使得宁静的小镇变得繁华而富有活力。例如，在铁路开通后的短时间内，阿什维尔（Asheville）就从一个不知名的小村庄变为北卡罗来纳西部的重要城市，人口从4000增加至过万。铁路不仅带动了沿线小镇的发展，夏季的旅游市场也逐渐打开，沿着铁路线带动了一系列轨道城市的发展，并且被形象地称为"天空之城"。

在展陈的列车中，对于美国很多退伍老兵来说，有着与众不同意义的是名副其实的"战地医院"。由于伤员无法及时送到具有良好医疗条件的大城市，在南北战争时期发明了单独输送伤员的车辆，被称为移动的战地医院。直到第二次世界大战后期，很多在太平洋战场上负伤的退伍老兵就是在这样的医疗列车上得到医疗救治，保存生命而荣归故里。并且在很多"二战"退伍军人的回忆录中，都提到了医疗列车上的繁忙场景（**图**6-43）。[27]

图 6-42　北卡交通博物馆保留轨道照片

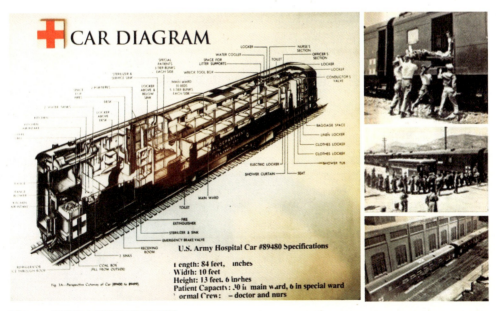

图 6-43　医疗车内部构造及历史照片
　　图片来源：History on steel wheels

而今日的北卡交通博物馆更像一个"机车医院",不仅在南方铁路公司范围内,更从全美搜集了各时期具有代表性的机车。在工程师和爱好者的支持下予以重修和复原,使这些机车的部件得以正常工作并重现当年的活力。然而在当下铁路工业园区转型的背景下,北卡交通博物馆不应仅仅满足于玻璃箱形式的展示,而更应注重活化并且从其内部更深刻的方面将传统历史予以展示,将轨道价值充分发掘。除了展示不同时期、不同型号的机车外,也可以通过交互体验的方式使游客深入了解机车的运作及构造。例如,可以通过缩小比例的模型展示机车的信号控制以及机车如何变换轨道、设计机车模拟控制间,通过实际操作和3D画面的反馈,利用仿真驾驶系统使体验者切身感受机车的操作及运转。

5. 小结

今日的北卡交通博物馆从交通视角展现了美国工业文明的发展史,也是解读美国现代工业历史的一把钥匙。技术进步带来经济与经济增长点的转变,也带来城市的革新。在当代城市发展中,如何利用这些遗留的工业遗址在新时期发挥文化、教育等功能,转变为市民休闲活动空间,成为当代城市可持续再生的重要课题。

美国斯宾塞火车维修站被改造为北卡交通博物馆之后,曾经在辉煌时期的社会经济价值得以展示给公众,并将美国南方整部发展史呈献给市民。将历史与工业时代科技文明相结合,体现了废弃轨道交通基础设施的文化价值,即从交通功能向文化功能的转变。

本书借鉴美国北卡斯宾塞交通博物馆利用废弃火车枢纽带动小镇再生的案例,并非刻意强调对此类改造设计手法的引进和提倡,而是希望中国城市开始对废弃交通基础设施及周边场地进行再审视、再思考与再利用。延续城市工业文明历史,也是传承中国文化的重要部分,特别是对于曾经在计划经济时代对推动国民经济发展起到重要历史作用的交通历史遗产,应当予以传承、保护和更新。

6.2.4 面向未来:百年京张线路的交通功能再利用展望

京张铁路的案例十分特殊,它是基于旧有铁路改造、仍然在计划之中、尚未付诸实施的案例。中国在高速铁路飞速发展的同时,有着长达2.1万km的废弃普速铁路——几乎与2017年的高速铁路总里程相等的规模。其中,很多废弃的普速铁路在城市内部,不但包括铁轨本身,也包括铁路两侧的带状空间。

不仅在京张铁路端头的张家口,中国很多城市都普遍面临铁路废弃后,如何对铁路和铁路周边空间进行再利用的问题。类似于高线公园的绿色带状公园"静态"保护方法固然是一种利用方式,然而对于寸土寸金的城市中心来说,将原有线路改造为城市有轨电车,为城市提供通勤公共交通服务而实现"动态功能",可能是原有铁路废弃之后重新进行再利用的另一种方式。基于历史而展望未来,对于中国大量存在的废弃铁路如何重新服务于城市交通、实现"动态保护"有着深远的意义。

1. **百年京张铁路的历史记忆**

京张铁路为詹天佑主持修建并负责的中国人自己设计和施工的第一条铁路,它连接北京丰台区,经八达岭、居庸关、沙城、宣化等地至河北张家口,全长约200km,1905年9月开工修建,于1909年建成。在《恰克图条约》之后,张家口是北京与关外经贸往来的中枢,在当时具有特殊的政治、经济、军事地位,而由于交通条件所限到北京货运只能依靠马车,运力受到制约。

京张铁路作为中国人自己设计和施工的第一条铁路,起点为北京丰台区,终点至河北张家口。由于张家口在居庸关外,地处京师(今北京)西北,自古在军事上和商业上均是中国的重镇。当年詹天佑先生任总工程师,在修建过程中排除了英、俄两国的重重阻挠,是第一条自主设计、自主建造的铁路,这在中国铁路发展史上留下了重要的一笔(**图6-44**)。

图6-44 京张铁路的走向和开通竣工时的照片

在区位上，张家口为北京通往内蒙古的要冲，是南北商旅来往必经之地，其开通对张家口的城市发展、经济和近代工业都产生了积极的作用；特别是在促进民族工商业繁荣上，扮演了重要角色，同时也促进了近代工业文明的发展。我国"一五"时期曾经承担重要工业支柱功能的煤机厂和探机厂都位于张家口。

2022年冬奥会选址在北京和张家口，给城市发展带来新的契机。新的京张高速铁路即将于2019年10月通车，新的高铁站将位于城市南部，与此同时建于1909年的百年老站于2014年7月正式停运，张家口北站到南部高铁站之间长达10km的区段将被废弃。被废弃的京张铁路的终点段贯穿张家口市区，沿途经过清水河滨河段、厂区段、市区段，竖向上与二五一街、盛华西大街、朝阳西大街平交，与工业东街、钻石中路形成立交，从而形成复杂多样的城市背街空间（**图6-45**）。

图 6-45　京张铁路废弃段线路的位置

废弃铁路与城市道路立交的区域基本处于废置状态。整段铁路在失去了其交通功能后，成为城市的"疤痕空间"与分割交通的屏障——高起的路基不仅阻隔东西向的交通，沿线杂草丛生也形成了负面的城市景观。其中，沿线有很多老工厂地块已经停止生产而荒废，也潜在形成了安全隐患（**图6-46**）。与前文中北卡斯宾塞车站的案例相似，京张铁路作为第一条完全由中国人自主设计自主施工的铁路，需要在保护的同时结合城市发展的新需求加以利用，促进其再生。

2. 废弃铁路的交通再利用

根据城市交通流分析和预测，张家口老城区在城市北部、新的行政中心和奥体新城在城市南部，目前南北向的交通压力十分巨大，需要大运量的南北向公共交通线路来缓解南北通勤的城市交通压力。

为了既满足历史保护的需求，又为南北向的交通连接提供足够的公共交通服务，选择依托原有废弃铁轨转为城市有轨电车的方案对其进行改造。根据现有路基的情况，将总体路线分为

图 6-46　废弃的铁路沿线景观和厂房

平交、高架与坡道三种路段类型进行技术处理，并且结合铁路线路改造，分为铁路文化区、铁路景观区、工业遗址区、滨水休闲区和综合服务区5个功能区。在美国曾经经历铁路辉煌时期的城市，有很多类似的铁路转城轨（rail to tram）开发先例，一些城市将其作为促进城市精明增长、减少小汽车使用的重要途径。而其技术难点在于，虽然轨道的轨距相同，铁路与有轨电车的制式、电力与信号控制系统截然不同，如果只是形态上强调"铁路复古"，可能造成将铁路技术和标准应用于城市轨道系统运行所造成建造和运行成本的浪费（**图6-47**）。

根据设计，铁路路基距离地面的高度不同采取不同的改造方式：基本与地面平齐的部分，只需将单线改为复线；而高于地面的部分，则需要架设引桥，或者先加宽路基再进行单线改为复线。在线路本身改造的同时，也结合线路区位赋予不同的城市功能。

在铁路文化区（A）和铁路景观区（B），借鉴美国高线公园（High Line Park）的经验，将废旧铁路改造成城市景观步行系统，成为建筑与景观交织的绿廊。平交区域A和B位于张家口北站附近，有着丰富的铁路景观遗存，计划通过拆除地基、保持线路的方式，满足双线运营条件，并且结合线路和铁路景观提升，形成具有公共绿地性质的工业遗产景观。

工业遗址区（C）沿线有着大量工业遗存，由于原有路基高于路面较多，保留高架形式而采取下穿式交通。沿途结合铁路景观提升进行老厂房改造，包括詹天佑博物馆、煤机厂、探机场等。结合旧厂房改造，不仅进行铁路线路本身的城市有轨电车改造，同时也带动周边地块的活力提升。

滨水休闲区（D）结合遗留的护坡，拓展路基以满足双线运营条件。将路基、路面进行扩展，并辅以边坡加固。此段成为沿清水河滨水景观最为精华的段落，采取保留高路基有着两方面的作用：首先使有轨电车的乘客可以俯瞰清水河和山景；其次，在线路东部是居民住宅区，采取高路基可以适当起到隔离噪声和视觉干扰的作用。

图6-47　铁路转为有轨电车的分段开发示意图

3. 轨道引领的交通文化功能迭代

正如前纽约市长布隆伯格在评价高线公园时的说法："我们没有选择破坏宝贵史迹，而是把它改建成一个充满创意和令人叹为观止的公园，不仅为市民提供更多户外休闲空间，更创造了就业机会和经济利益。"而在张家口京张铁路10km废弃段的改造中，"动态保护、功能再生"的思想贯穿始终。不同于高线公园静态保护的思路，鉴于轨道交通特殊的历史意义，应采取轨道引领的交通功能予以动态迭代，而超越"绿带公园"本身的静态设计手法。这样可以更好地平衡有限的土地资源以及改善交通、保留工业文化遗产、为市民提供活动空间等。

时至今日，张家口从堡子里为代表的军事要地，已经发展为综合功能具有百万以上人口的大城市，也是有着"大好河山"的山水城市。连接北部老城与南部新区的通勤需求迫在眉睫，亟待贯穿南北向的交通走廊满足城市内部交通需求。在实现交通功能的基础上，真正实现城轨联通，是服务当地人民出行、提升居民日常生活品质的体现。以交通为核心进行景观设计，不同于"为设计而设计"——京张铁路承载着浓厚历史，仅仅将火车头和铁轨保留作为花瓶场景而点缀，不能充分表达工业遗产的厚重与民族自豪感的深重。

以交通功能为核心，注重动态的景观构建，是张家口轨道引领文化景观发掘的重要思想。沿着张家口10km文化轴，作为打通市区由北向南的重要通道，以及打通市区由北向南的公共交通线路，也会成为城市重要的景观带。张家口在冬奥会前夕，针对废弃的铁路工业遗存，探讨了并非全部拆除而是利用原有铁路轨道改造为有轨电车的方式而促进城市再生。

在2022年冬奥会的出行需求中，按照指定的时间表运输、集散人和货物，保证大型赛事活动正常举行，成为冬奥会时期的重点工作。后冬奥会时期的城市转型也对城市品质、功能改善和公共设施永续再利用提出了更多要求。而现状交通系统已经很难满足未来交通增长需求，特别是张家口高铁南站开通后，如何提供交通接驳、提供从南部高铁站到北部新城的交通联系，也是城市发展面临的重要问题。

除了解决南北交通需求外，京张铁路废弃空间再利用还将带动铁路沿线的土地利用与公共空间提升，通过适当的TOD开发提升商业设施用地的比例，并串联起张家口市公共绿地与城市公共空间，为居民和外来者游憩营造良好的品质环境。京张铁路线由废弃的交通基础设施转型为文化景观轴线，被期待成为张家口新的历史机遇下一张崭新的文化名片。

在制式选择上，有轨电车可以有效地组织利用地面景观，形成直接联系，更有利于乘客与沿线的公共活动空间和绿地紧密联系，同时使交通设施的绿化成为可能。相对于轻轨，有轨电车方案对于客流最低数值的要求更低，与地面景观的呼应更好，也起到不遮挡河流和山景的效果（**图6-48**）。

4. 面向冬奥会的詹天佑文化轴再生

通过将京张铁路改造成为城市轨道交通，促进废弃铁路重新转为通勤用途而为城市服务，

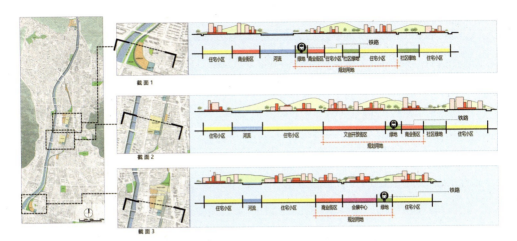

图 6-48 张家口有轨电车改造后的景观分析
图片来源：北京交通大学城市规划设计研究院项目成果

成为本案例的独特之处。然而，本节张家口案例仅仅停留在规划层面而尚未付诸实施。目前中国城市中，随着越来越多的高铁建设，城市如何结合既有铁路改造为城市提供通勤轨道交通服务，成为未来一段时间中国城市普遍面临的问题。

在奥运中强调绿色、可持续理念的同时，除了绿色城市、绿色建筑之外，可持续利用已经废弃的轨道遗产将从更高的层面体现绿色发展精神。尤其是不仅停留在纽约高线公园这样作为公园的静态保护，还体现为用作城市轨道交通重新加以利用的动态保护。

在改造形式上，提倡结合客流需求和近远期需求选择合适的制式。在轻轨和有轨电车之间，选择对景观影响较小、对客流门槛值要求较低的有轨电车，并且结合线路改造，对周边土地进行梳理。对于沿线的煤机厂、探机场等体现中国工业文明特色的传统工业遗产，进行老厂房改造和景观再生设计；同时，结合奥运和旅游城市需求，在有轨电车线路两侧进行商业、旅游和文化设施开发。

6.3 功能协同问题

在时间与空间维度之外，城市与轨道的功能协同体现为轨道交通不止于交通本身的作用，其对城市发展的影响还体现在社会公平、生活品质、文化建设与经济发展等多方面。在超越交通功能之外，轨道交通这些其他多方面功能与城市功能交织，形成了生动而富有活力的城轨交互案例。

6.3.1 社会视角：乌鲁木齐的交通与就业可达性研究

目前在中国城市的轨道交通建设仍然大部分集中在东部和中部的大城市，对于经济快速增长的西部城市，特别是对于边疆地区城市的轨道交通与城市发展协同的认知和描绘仍不多见。在西部城市进行轨道交通建设，除了改变城市人口和经济要素分布、提升城市可达性之外，有着更加深远的社会影响。例如，乌鲁木齐于2018年才开通轨道交通1号线，属于最新开通轨道交通线路的西部城市之一。需要说明的是，由于1号线是乌鲁木齐唯一开通的轨道交通线路，为了更好地进行网络分析，在此将7条快速公交线路与1条轨道交通线路一起考虑进行分析。

在"一带一路"倡议下，中国西部城市的交通基础设施建设正在以前所未有的规模、速度和投资推进。城市规划师和交通规划师都希望通过借助增加交通基础设施的投入，提升城市交通效率和拉动城市增长。然而，目前大量的交通基础设施研究仍停留在技术层面，对快速建设的交通基础设施的社会影响研究却仍不多见。乌鲁木齐案例以城市中的低收入群体就业影响来进行测度，考察大量投入的交通基础设施投资是否能为低收入者带来就业积极影响，将成为考察其社会影响度量的重要指标。

近年来除了通勤时间和距离的影响之外，相关研究逐渐开始关注公共交通基础设施如何通过提升就业可达性和改善城市出行品质等课题。在通勤距离和时间等可达性客观指标之外，通勤满意度开始作为衡量生活品质的指标而受到重视。[37]国内外研究都认为，通勤满意度是决定城市居民幸福感和积极正面情绪的重要方面，而行为相关因素和个体属性因素都可能对通勤满意度产生重要影响。[38、39]

在各类人群中，低收入群体的就业受到公共交通基础设施的影响尤为明显，其作用可分为直接影响和间接影响两个方面。首先，在直接经济影响上，交通成本作为家庭总支出的重要组成部分，会因交通支出而增加家庭经济负担，对于低收入家庭来说这些负担尤为显著。[40]其次，完善的公共交通基础设施可以显著改善就业可达性、增加就业机会，从而提升弱势群体的就业水平和交通公平性[41]。因为这两方面的作用，各国城市都希望通过增加公共交通基础设施建设而改善就业水平，并提升低收入群体的福祉水平。[42]

本节旨在探讨中国西部城市大规模、快速、高强度的公共交通基础设施建设，对低收入群体就业产生的影响。选择乌鲁木齐作为案例，采取多元线性回归方法和多元Logit回归分析方法，考察包括轨道交通和地面快速公交（bus rapid transit，BRT）在内的大运量交通系统对通勤时间和通勤满意度的影响（**图6-49**、**图6-50**）。希望通过对中国西部城市公共交通基础设施建设对就业可达性和通勤满意度影响的研究，为未来快速而大规模发展的公共交通基础设施建设评估提供政策参考。

1. 交通线路沿线就业可达性的提升——职住比变化

通过对轨道交通与快速公交网络分交通调查小区（TAZ）尺度的人口和经济数据，可以计

图 6-49　乌鲁木齐 BRT 车站与车辆

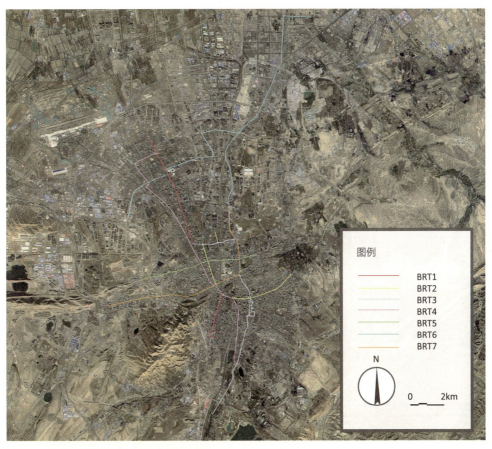

图 6-50　乌鲁木齐的轨道交通与快速公交网络

算就业－居住比（job housing balance Index，JHB）的变化，从而反映大运量公共交通基础设施建设对城市周边的影响。本书采取以交通分析区（TAZ）为基本单元，是考虑到在乌鲁木齐，一个街道办事处的面积通常涵盖3～5个交通分析区的面积。在时间截面上，选取2010年没有轨道交通和快速公交系统，以及2018年轨道交通和快速公交系统建设完成两个截面，考察人口和就业空间的变化。

（1）居住人口的空间分布及变化

从居住人口的空间分布及变化来看，居住郊区化主要发生在城市近郊，并呈现出明显沿着公共交通走廊扩散的分布特征。在轨道交通和BRT建设之前，乌鲁木齐的居住人口分布特征体现为中心区密集，并由中心向郊区递减的圈层分布规律，其中南部老城区人口密度高于北部（**图6-51**，左图）。老城区即乌鲁木齐城市建设最早期的区域，东以五星路—东环路—金银路为界，西至西过境路，北以西虹西路—河滩路—红山路为界，南至钱塘江路—团结路，人口密度多在300人/hm²以上。此外，城市郊区的居住次中心并不明显，偏离南部老城区，居于市区北部的米东区的地磅街道、古牧地街道也有小规模的人口聚集。

城市轨道交通和BRT网络形成之后，乌鲁木齐市区建成区面积有所扩大，居住功能也随之向外扩张（**图6-51**，右图）。一方面，南部老城区仍然是乌鲁木齐市最主要的居住中心，其中，人口最密集的地区包括水磨沟区的南湖南路街道、天山区的青年路街道等，这些区域的居住人口密度在300人/hm²以上。另一方面，新市区的居住次中心开始具备雏形，包括杭州路街道、二工街道等，这些区域的人口居住密度在50～200人/hm²。值得注意的是，尽管这些次中心开始初步发育，从人口密度上看仍然远远低于城市中心区水平。

根据乌鲁木齐市2008年城市总体规划，以"南控北扩、先西延后东进"为发展战略，近年来发展形态呈扇面状（**图6-51**，右图）。其老城区聚集着全市60%的人口，是新疆地区政治、经济、文化中心，而受历史因素影响，老城区道路普遍较窄，交通拥堵十分严重，传统上大部分居民居住、就业都集中在老城区。随着大运量城市交通网络的建设，居住空间随着公共交通走廊而向郊区疏解。同时，新市区"七大组团"的建设，增加了医院、学校和商业综合体等配套功能，成为居住人口增加最为迅速的地区。[43]

（2）就业岗位的分布及变化

从乌鲁木齐就业岗位的空间分布规律看来，与居住人口的空间分布圈层规律相似，然而更加呈现出向心集中趋势。

图6-51 2010年（左图）和2014年（右图）乌鲁木齐人口密度

城市轨道交通和BRT建设成之前，乌鲁木齐就业岗位呈现出单中心的分布格局，圈层规律相对突出（**图**6-52，左图）。在老城区，就业岗位密度也有内部的差异且比较明显，其中天山区的新华北路街道、青年路街道的就业岗位密度最高，达到150～300人/hm²。

城市轨道交通和BRT建设成之后，就业空间更加向着已有的就业中心集中，同时呈现出明显的老城区与高新区的双中心结构。北部新市区由于有着高新技术产业开发区和经济技术开发区两个国家级开发区，就业密度也有着明显的提升，形成明显新的就业次中心（**图**6-52，右图）。在空间分布上，就业中心的范围不但没有呈现郊区化趋势，反而范围更小、密度更高，而呈现出更加集中的分布规律。在传统老城区的天山区新华北路街道等地区，以及新市区的天津路街道及二工街道等新的就业中心，就业岗位密度都在150～300人/hm²。

从就业岗位沿着公共交通廊道的变化来看，老城区就业中心在城市轨道交通和BRT沿线的就业密度进一步提升，而在郊区地带尤其是米东区，城市轨道交通和BRT建设并没有明显地带动就业岗位疏解外迁。[43]

（3）就业—居住空间关系及其变化研究

相对于东部城市，乌鲁木齐的职住空间关系在全市和局部尺度都表现出极度不均衡，JHB指数在5以上和0.1以下十分普遍，体现出大部分交通分析区内单一的就业或者居住功能十分突出，用地混合度较低。这可能是在多山地的自然地理特征和多建设的社会经济特征双重特殊属性的共同作用下而形成的。

总体来看，城市轨道交通和BRT建成之前，乌鲁木齐市职住比的分布情况十分不均衡（**图**6-53，左图）。职住比较高的街道一部分集中在老城区，属于传统的商业区，即天山区的青年路街道、解放北路街道和新华北路街道、新市区的二工乡等，局部JHB指数在5以上；另一部分职住比高的区域则分布在城市边缘区的工业区中，包括米东区的古牧地镇、新市区的地窝堡乡等。

城市轨道交通和BRT建设之后，职住分布情况发生了明显变化，职住比较高的区域几乎全部集中在城市中心区及BRT沿线，而城市郊区的职住比都有所下降（**图**6-53，中图）。以交通分析区为基本单元的交通基础廊道职住比分析表明，总体上BRT建成后沿线地区的职住比相对于

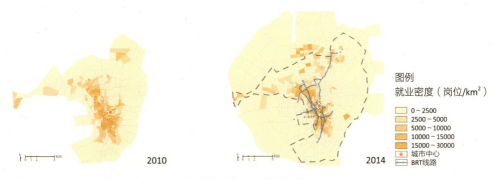

图 6-52　2010 年（左图）和 2014 年（右图）乌鲁木齐就业密度

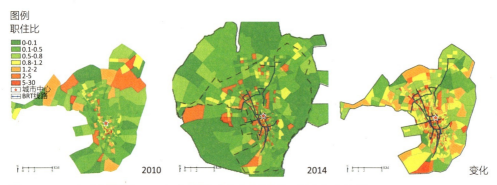

图 6-53 2010 年（左图）和 2014 年（中图）乌鲁木齐职住比及其变化（右图）

非沿线地区有着明显的提升（**图6-53**，右图）。具体来看，BRT建设的影响可能是双向的：一方面，老城区和北部新城区已有的就业中心区，如沙依巴克区、天山区等，在BRT系统建设之后的职住比升高。这可能是由于城市中心区作为商贸中心，提供了大量的潜在就业机会，公共交通基础设施等持续投入可以进一步提升作为就业中心的吸引力。另一方面，部分城市郊区和BRT线路覆盖密度较低的地区，沿线职住比经历了下降的变化。例如，在米东区，因BRT提供了郊区与城市中心的连接，使居民从本区就业转向了到城市中心区的跨区就业。由于BRT建成引起的跨区通勤行为，减少了当地潜在的就业机会。

因而，空间分析显示，BRT建设对沿线城市空间职住关系的影响可能是双方面的。城市中心区和线路密集地区的就业功能加强，职住比升高；城市远郊区和线路覆盖不足地区居住功能加强，就业机会外流，职住比降低。

综上所述，轨道交通和BRT网络带来的影响可能是双向的。一方面，沿着快速公交走廊，居住功能向外疏解；另一方面，就业却沿着这些交通走廊向内聚集，在全市尺度上反而一定程度上加剧了职住空间的失衡。与前人的文献研究相比，新建交通基础设施线路对周边职住空间关系的影响和对就业的拉动，与西方城市案例研究结果相似。[44]在乌鲁木齐案例中，对新城区就业中心吸引力的促进作用，相比于北京案例研究更加明显。[21]公共交通基础设施的建设在促使居住郊区化的同时，却使就业更加集中在老城区和新城区已有的这两个就业中心——在某种程度上，职住空间分布变得更加失衡。

2. 居民通勤满意度分析——多元Logit模型分析

在评价就业成功程度方面，就业率体现为客观指标，而就业满意度从主观方面测度轨道交通和BRT基础设施的好处。在本部分讨论中，考虑到就业满意度是通勤满意度的重要指标，采用通勤满意度对主观满意程度进行判断。根据问卷调查显示结果，居民对通勤满意度评价多集中在"满意"与"一般"两个水平上，23.72%的受访者表示非常满意，42.74%的表示满意，31.81%的表示一般，1.52%的表示不满意，另有0.21%的表示非常不满意。

在研究方法方面，针对满意度评价属于多点量表评价的多元变量，采取Logit回归模型进行分析。通勤满意度采取五点量表法进行评价，这些评语包括V = [很满意（V_1）, 满意（V_2）, 一般（V_3）, 不满意（V_4）, 很不满意（V_5）] 五个评价等级。在带有交叉变量的多元Logit回归模型中，通过选取居民出行调查中的个体因素和交通相关因素，评估公共交通基础设施的投入对改善低收入者就业成功程度的影响。以居民的工作满意度为因变量。具体来看，Logit模型形式为

$$\text{Logit}\left(\frac{p(Y=1)}{1-p(Y=1)}\right) = \alpha_i + \beta_i X_1 + \beta_2 X_2 + \cdots + \beta_n X_n$$

式中，$p(Y=1)$ 表示评价为特定等级的概率；i=0，1，2，3，4。

根据上述确定的被解释变量和解释变量，建立Logit模型回归方程

$$\text{Logit} Y_i = \alpha_i + \beta_1 X_1 + \beta_2 X_2 + \cdots + \beta_n X_n$$

在Logit回归模型中，考察选取的自变量相似，分别以通勤时间（X_1）、通勤方式（X_2）、年龄（X_5）、被调查者年龄平方（X_6）、被调查者性别（X_7）、被调查者家庭人口数（X_8）、是否拥有房屋产权（X_9）、家庭平均月收入（X_{10}）和距最近公交站点的距离（X_{11}）为自变量，以工作满意度水平（Y）为因变量，进行Logit模型的多元线性回归。Logit回归模型及变量解释描述如下（**表6-1**）。

回归分析结果表明，回归模型的总体拟合效果较好（$R^2 = 0.26$）。具体分为交通相关因素和个人属性相关因素两方面来看，个人属性因素的影响规律与前人文献中的结果相一致。回归结果显示，年龄越大（β_5=−0.194, p_5=0.000）、男性（β_7=−0.304, p_3=0.000）、家庭规模越小（β_8=−0.127, p_8=0.000）、家庭人均收入越高（β_{10}=0.282, p_{10}=0.000）对工作满意度越高，这可能是因为这些群体对工作地点进行自主选择的机会更多。而拥有房产对通勤满意度的影响并不显著，可能是由于居民拥有房产的地点限制因素较多，到就业地点的距离并不一定较近。

而在交通相关因素中，交通方式选择和到最近公交站距离两个因素的影响较为显著，体现了公共交通基础设施供给水平对工作满意度的重要影响。具体来看，选择私家车出行会显著提升工作满意度水平，而选择公交和其他出行方式则会降低（β_4=−0.332, p_4=0.000）；同时，居住地到轨道交通或者BRT的距离越近也会提升工作满意度水平（β_{11}=−0.060, P_{11}=0.000）。此外，在Logit回归模型中，通勤时间的影响并不显著，这可能因为乌鲁木齐市经常出现极端天气，通勤的舒适性、可靠性相比于时间花费更加重要。

同时，为了得到对选择公交出行群体更加细致的分析，在回归中还设置了家庭平均收入×公交（X_3）和通勤时间×公交（X_4）等交叉变量。分析显示，对于公交出行来说，收入低、通勤时间长的工作满意度更高。这说明公共交通基础设施对于提升低收入、长距离通勤群体的通勤满意度的作用更加明显。以上回归分析表明，关于乌鲁木齐案例中性别、年龄、收入程度等的影响规律，与前人的研究一致。选择公共交通方式出行的群体中，低收入、长时间通勤的两类群体的工作满意度可能对公共交通供给水平更加敏感。对于这两类群体来说，通过公交系统改善降低到最近公交站的距离和降低通勤时间，都可以显著提升通勤满意度的通勤体验。

乌鲁木齐市交通出行调查通勤满意度回归模型　　　　　　　　　　　　表6-1

	变量	单位	工作满意度回归结果	
			β	Sig
自变量	R^2	0.26	—	
	常数		−0.639	0.000
	X_1 通勤时间	min	0.000	0.669
	X_2 通勤方式	公交、其他 =1；私家车 =0	−0.332	0.000
	X_3 家庭平均收入 × 公交	交叉变量	−0.067	0.000
	X_4 通勤时间 × 公交	交叉变量	0.001	0.031
	X_5 年龄	岁	0.194	0.000
	X_6 年龄 × 年龄	岁	−0.002	0.000
	X_7 性别	男 =1；女 =2	−0.304	0.000
	X_8 家庭人口数	人	−0.127	0.000
	X_9 拥有产权	是 =1；否 =0	0.018	0.110
	X_{10} 家庭平均收入	2000 元以下 =1，2000～4999 元 =2，5000～9999 元 =3，10000～19999 元 =4，20000 元以上 =5	0.282	0.000
	X_{11} 到最近轨道站或 BRT 的距离	m	−0.60	0.000
因变量	Y_2 通勤满意度	非常满意 =4　满意 =3　一般 =2　不满意 =1　很不满意 =0		

3. 小结

以乌鲁木齐作为案例，考察包括城市轨道交通和BRT在内的大运量快速公共交通基础设施建设对低收入群体的就业影响。在"一带一路"倡议背景下，考察乌鲁木齐市公共交通基础设施的社会空间影响，将有助于对西部城市大规模、快速推进的交通基础设施建设效果进行评价、审视和反思。在工程技术层面之外，考察作为大运量快速公共交通基础设施建设对城市中的中低收入群体影响，成为从城市规划的视角出发衡量公共交通基础设施投资成功程度的重要课题。

本书以乌鲁木齐市为例，采取职住空间分析法和带有交叉变量的Logit回归模型分析法，考察公共交通基础设施建设对职住空间比率、就业率和通勤满意度的影响。首先，在职住空间关系方面，沿着主要的交通走廊居住向外疏散，就业向内集聚，促进了城市新中心的形成，然而一定程度上也加剧了职住空间的失衡。其次，通勤满意度影响因素的多元回归分析结果显示，选择私家车出行、距离BRT车站近等交通因素，以及年龄大、收入高、男性、家庭成员少等个体属性因素会显著提升通勤满意度。同时，Logit回归模型也显示通勤时间和住房产权等因素的影响不显著，而形成与东部城市通勤满意度研究的不同结果。再次，交叉变量的分析显示，选择公共交通出行的低收入群体和长时间通勤的群体更值得关注，公共交通基础设施的持续投入更可能使这些群体受益。

乌鲁木齐案例政策含义在于，包括轨道交通与BRT在内的公共交通基础设施建设，可以显著改善低收入群体和公交出行群体的出行满意度。综上所述，从城市综合视角来看，公共交通基础设施对城市的社会公平和经济发展有着更加深远的影响意义。尤其对于城市低收入人群等弱势群体来说，公共交通基础设施提升可以明显提升其就业通勤品质。

6.3.2 土地视角：北京亦庄线的TOD研究

土地使用功能的协同，通常借助城市规划和设计上的TOD理念来实现。然而即使有着良好的TOD发展理念，在规划中也很难实践。在地区甚至节点层面，特别是围绕具体交通线路，轨道交通与城市土地利用的互动性更强。在轨道交通与城市整合模型中，通过考察轨道交通站点周边一定范围内的土地利用类型和变化，采用土地利用变化和影响追踪评估模型（land use evolution and impact assessment model，LEAM），可以反映新开通的轨道交通基础设施对周边一定范围之内土地类型和商业活力的影响。土地利用类型追踪法，是最为直观评估轨道交通基础设施对城市某种土地类型所反映的城市功能影响的方法，不仅用于追溯历史时期的土地利用变化，也可以通过历史土地利用数据预测未来将要建设的轨道交通线路对城市功能及其活力的影响。

在节点尺度上，本节在亦庄线沿线选择三个站点作为研究案例。根据2004年版的《北京市城市总体规划》，北京向东拓展的三个新城——顺义、通州、亦庄将成为区域性经济中心，并起到有效疏解城市就业的作用，并分别规划了轨道交通线路连接中心城区和新城。在三个新城中，亦庄是最新的一个完全从零开始的新城，同时也是与国家级经济开发区结合的新城，在反映轨道交通与土地利用互动方面具有一定代表性的新城的典型。

1. 最初设想的"反磁力模型"（图6-54）

亦庄新城和亦庄线的建设，是在人口和产业疏解的目标下，希望通过在东南五环外建设经济技术开发区形成"反磁力中心"。从2005年开始，按照《亦庄新城规划（2005—2020）》的设想，计划通过引入产业和建设配套的居住区，不仅形成"职住平衡"的新城，还可以进一步吸引北京中心城区和近郊区的人口反向通勤，到亦庄经济开发区进行就业。

在产业引进方面，2005年之后亦庄经济开发区的规模进一步扩大，除了第一批诺基亚、中芯国际、拜耳等为首的

图6-54 反磁力模型

制造业企业之外，还引入了一批新兴的生物医药、电子信息等产业。为了支持新城建设，北京地铁亦庄线于2007年开工建设，并于2010年建成通车。其北接地铁5号线的南端终点宋家庄站，南至京津城际铁路换乘站亦庄火车站（暂缓开通）。理想情况下，新城计划通过轨道交通亦庄线吸引在北京东南大型居住区（旧宫、宋家庄等地）的居民来就业，从而缓解这些大型居住区居民集中到中心城区就业的压力。

然而通过对亦庄居民就业者和居住者的小样本问卷调查发现，虽然有着"反磁力中心"的美好设想，实际上在亦庄居住者的调查中，50.91%的居民到亦庄之外的地点就业；而在所有就业者的调查中，46%来自于亦庄之外的地方。**图6-55**反映了居住者在亦庄外部的就业通勤去向，而**图6-56**反映了就业者来到亦庄内部的居住地来源。

通过**图6-55**和**图6-56**反映，由于经济开发区的产业结构与周边配套建设的中高端住房之间不匹配，在经济开发区内部实际上很难实现就业和居住的就地平衡，更难实现"反磁力中心"。事实上，在就业上由于开发区需要大量的产业工人，就业者通常来自于大兴区、丰台区、通州区等更加外围的远郊区，他们有着极远的通勤距离。此外，在高端和中高端社区中的居住者，通常集中到北京城市中心区的国贸、大望路、望京、中关村等地就业。由于就业岗位需求和居住人才供给方面不匹配，无论是"反磁力中心"还是"就地职住平衡"都难以真正实现。结合城市轨道交通的客流来看，近郊大型居住区的主要通勤方向仍然是向着城市中心区，而只有少量客流会向郊区通勤。

2. 站点周边的土地利用演变

在北京亦庄新城沿线，分别选择亦庄线沿线的万源街（开发区近城边缘）、荣京东街（开发区核心区）和经海路（开发区远城边缘）三个站点，分析城市轨道交通与周边土地利用的互动关系。按照《亦庄新城规划（2005—2020）》中对亦庄线站点周边1km范围内的规划布局进行分析，这三个站点均按照TOD理念进行布局，按照到轨道交通站点的距离由近及远，分别布局商业、办公、居住或工业等用地（**图6-57**）。

图6-55 亦庄范围内居住者就业地分布

图6-56 亦庄范围内工作者的居住地分布

通过兰斯塔德卫星影像可以对2008年和2015年亦庄线运营之前和之后的轨道交通站点周边的土地利用变化进行对比分析。经过对比分析发现，位于不同区位的站点，周边土地利用的变化趋势也体现出迥异的差别。例如，万源街是亦庄经济开发区开发较早、相对成熟的片区，配套的公共服务设施也相对完善。在离万源街站点比较近距的地方，2015年相比于2008年增加了更多商业和办公用地，稍远处增加了一些居住用地（**图6-58**）。

较远一些的荣京东街站点，从2008年以轨道交通线路东侧的工业用地为主，而西侧尚未完全开发。到了2015年，围绕轨道交通站点，均衡布局了商业、办公以及稍远一些的居住等功能。这使得整个1km范围内的各种用地布局更加均衡，尤其是商业服务业用地，为工业和居住提供了品质良好的服务设施，支持了地方的活力。在荣京东街地块中，轨道交通站点起到通过聚集客流而引导商业布局的作用。先进行工业生产建设，再进行生活配套建设，符合一般开发区建设的顺序。然而开发区建设之初尤其在工业地块周边的低密度，很难支持商业发展；结合轨道交通的"客流约束"作用，可以为商业发展提供持续的客流支持（**图6-59**）。

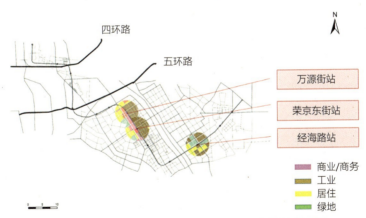

图6-57　亦庄线沿线三个轨道交通站点的位置和1km之内的用地用途

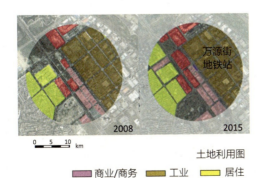

图6-58　万源街周边1km土地利用变化
（2008～2015年）

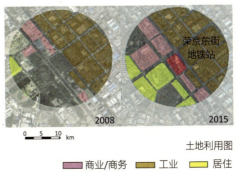

图6-59　荣京东街周边1km土地利用变化
（2008～2015年）

最远的经海路站点，由于位于开发区远离市区的边缘，开发时序上较为靠后。在2008年经海路站点周边的土地仍未完全从农田转换为开发区建设用地，仅在轨道交通线路西侧进行了少量配套住宅的开发。到2015年，轨道交通站点周边出现了更多的工业用地和居住用地，但是没有形成TOD模式中围绕站点的商业和办公用地集聚。可以说，经海路案例到2015年并没有形成足够的商业集聚（**图6-60**）。

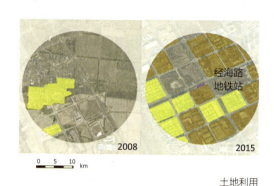

图 6-60　经海路周边 1km 土地利用变化（2008 ～ 2015 年）

从三个站点土地利用变化上来看，不同的区位和开发时序决定了土地利用变化的差异。对于经济技术开发区建设，通常是先进行工业生产建设，之后再逐渐配齐大运量交通基础设施、住房和商业服务设施。然而，通过对比三个站点的土地利用变化发现，并不是有了轨道交通线路运营之后，所有站点便会自动形成TOD模式，而是需要前期规划和后期轨道交通客流的支持。[21]

3. TOD的理想与现实土地利用的差距

按照《亦庄新城规划（2005—2020）》中对亦庄线站点周边1km范围内的规划布局进行分析，这三个站点均按照TOD理念进行布局，按照到轨道交通站点的距离由近及远，分别布局商业、办公、居住或工业等用地（**图6-61**）。通过轨道交通建设，带动经济技术开发区沿线产业发展、产城融合发展，成为TOD模式在开发区应用的实践理念。

按照这种理念，《亦庄新城规划（2005—2020）》中进行了亦庄线沿线每个站点周边的土地利用布局。由这些规划图可以看出，城市土地依托轨道交通线路和站点布局的思想十分明显。特别是荣京东街的线路西侧和经海路周边，属于典型的TOD布局。轨道交通站点最核心为商业，其次围绕办公，再远一些还有工业和居住等布局。

如果结合亦庄线轨道交通站点的客流量发现，在开发区距离城市较远端的荣京东街、同济南路和经海路等站点都有较大的轨道交通流量（**图6-62**）。这表明，对于郊区线路来说，远端

万源街　　　　　　　　　荣京东街　　　　　　　　　经海路

图 6-61　亦庄线沿线三个站点周边的土地利用规划图

站点由于距离城市中心区更远，选择轨道交通作为通勤方式的优势更加突出。然而，如果将规划图与实际的土地利用图进行对比（**图6-63**），结合客流变化增长发现，并非是客流数量不够的原因导致土地利用TOD模式失败，事实上荣京东街和经海路成为亦庄线上日均客流量较大的两个站点。可见，足够的客流量并不是支持TOD模式实现的充分条件。

以上分析表明，对于已经形成的单一居住区或者单一大型工业开发区，即使在轨道交通客流量支持的情况下，也很难向TOD模式方向发展。其原因在于，轨道交通的建设为客流量增长预留了足够的弹性，然而土地利用的变化却是刚性的。即使密集客流支持足够大的商业和办公中心形成，由于调整用地性质和容积率等控制性详细规划存在严重困难而难以实现。因而，轨道交通的客流弹性与用地的刚性之间的节点与迭代效应，影响了站点周边土地利用的变化趋势。

通过对比三个站点的土地利用变化发现，并不是有了轨道交通线路运营之后，客流量达到一定水平，所有站点便会自动形成TOD模式，而是需要前期规划预留土地利用转变的弹性空间。例如，在客流持续增长的情况下，原先不具备商业聚集性的地块可能获得了商业开发的潜力。而如果按照现行规划条例，控制性详细规划一旦确定了用地属性和容积率，很难再次调整而适应新的商业开发要求，形成规划滞后于交通带来开发潜力的情况。

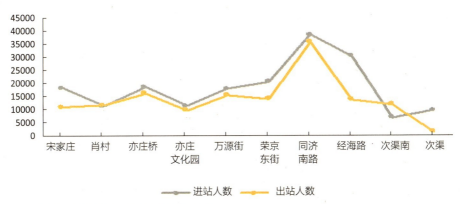

图 6-62　北京亦庄线部分站点的日均进出站客流量

图 6-63　亦庄线沿线三个站点周边的实际土地利用图

6.3.3 文化视角：徐州轨道交通与城市文化

徐州是汉文化的发祥地，也是历史上楚汉争霸的重要军事要地。徐州位于苏、鲁、豫、皖四省交界处，京沪、陇海、徐连铁路在此交会，地处长江以北，却归江南省份管辖，从楚汉以来有着层层深厚的文化根基。《春秋》鲁成公十八年（公元前573年）记载："宋鱼石复入于彭城"。今徐州市区称"彭城"，这一名称最早出现在上述记载中，姑且从此时计算，徐州古城的历史距今也有2500余年。这座历史文化古城一直处于动态变化中，见证了中国历史文化的发展历程，具有深厚的文化脉络。然而，与洛阳相似，丰厚的历史文化资源多埋藏在地下，形成了复杂多层的地下空间积淀。

近年来，作为国家中心城市，徐州的轨道交通建设飞速发展。在轨道交通建设方面，徐州市城市轨道交通线网为"放射状+半环形"的网络结构，由4条放射线、1条半环线组成，在未来将带动徐州的综合发展，进一步巩固徐州综合交通枢纽的地位。徐州正处于轨道交通建设初期，徐州市有3条轨道交通线路在同时建设，在中国城市中三条轨道交通线路同时推进的情况仍不多见（截至本书成稿，徐州市无轨道交通投入运营。其首条轨道交通线于2019年9月投入使用）。在轨道交通建设初期，及早整合土地资源，落实轨道交通建设引领城市发展的作用成为轨道交通建设需要解决的首要问题。徐州市轨道交通的建设与老城区用地结构优化、新城开发和地下空间利用等相结合。

作为历史文化名城，面临轨道交通与历史文化保护的挑战，徐州的轨道交通建设如何与文化保护相结合，从其地方特色、历史积淀、当代文明市民文化和轨道交通文化体系出发创新发展，是其需要解决的关键问题。历史文化传承、地下空间开发与商业价值发掘，成为徐州市轨道交通案例中需要平衡的三个重点问题。

本节采用徐州案例，与前文中案例的要点略有不同，用于突出轨道交通与城市文化的结合。北京、张家口等案例强调了轨道交通与城市协同发展的物质空间问题，而对于徐州案例，希望通过城市文化的渗透，起到宣传轨道交通文化、形成城市名片的作用。

1. 轨道交通与城市文化融合的意义

轨道交通与城市协同不仅在于技术层面，更在于对城市文化的理解和认知。轨道交通文化是城市现代文明的重要展示，是兼具城市化与工业化成果的重要表现，也是传承城市历史、展望城市未来发展的连接纽带与城市名片传播载体。纵观古今中外，轨道交通文化是大城市和特大城市发展到一定水平，才会出现的特殊文化形态，凝结了现代、当代文明的精华。随着轨道交通技术的全面发展，城市轨道交通文化已经成为城市文化的重要表现形式之一，对城市文化发展成果的展示起着重要作用。

轨道交通是一座城市的缩影，不仅代表着城市的发展演变进程，使城市文化的特点更为明晰。城市轨道交通因城市的发展而起步，而城市轨道交通所到之处，也带动着区域的繁荣，激活区域的文明程度。城市轨道交通承载着城市的文化品质，引导城市文化发展的方向。

轨道交通文化建设虽得到了一定关注，但尚未形成完善体系，同时很多城市轨道交通文化领域的研究成果也没有得到及时推广。每天，当数以百万计的人往返穿梭于轨道交通时，轨道交通已经不再是一个单纯的运输空间或简单的交通工具，而是一个承载着文化的移动传播窗口。

徐州作为历史文化名城，在结合城市文化建设轨道交通时有着轨道交通文化建设的特殊性，可以在轨道交通文化发展过程中突出地方特色与历史积淀。从历史文化视角来看，徐州市有着"彭祖故国、刘邦故里、项羽故都"等楚汉文化特色，也有着以"楚汉相争""淮海战役"为代表的军事题材文化故事。然而，这些遗迹可以展示的遗存非常有限，很多珍贵的文物、遗迹、遗址都埋藏在地下，结合城市轨道交通建设的地下开发对其开发展示，将起到轨道交通建设与文化建设并行的效果。具体来说，在城市整体层面，可以通过地铁站名称、LOGO设计来突出轨道交通文化特色（**图6-64**）。

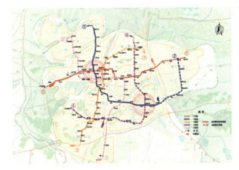

图 6-64 徐州市轨道交通线网规划（2020年）
图片来源：徐州地铁官方网站

（1）轨道交通的车站名称

徐州轨道交通体系建设，首先表现在通过站点命名体现历史地名和文脉方面。例如，徐州作为两汉文化发源地，有很多历史地名可以使用，在地铁站点命名上应该体现出自身的历史底蕴。虽然有些地名可能没有建筑遗存，但可以通过地铁站点的命名让现在的人们记住、了解并集成它。以彭城历史地名命名尚未开建的徐州地铁车站名，如河清门、武安门、武宁门、奎光门等。这些历史上曾经的地名，有助于在轨道交通基础设施提供出行服务的同时，向市民和游客传播徐州的历史内涵。

（2）轨道交通LOGO设计

在已公布的地铁LOGO设计中，体现了徐州地铁的行业特征及地域特征。标志图形的负形部分组成"无穷"符号，象征着地上与地下永久的贯穿通行。标志的下半部分形似山峦、湖水倒影，寓有徐州山清水秀之意，也象征着徐州以山体为骨架、以河流道路为网络、以公园广场为点缀，"点、线、片、面、网、圈"相连的生态格局，是一座"山水相依，南秀北雄"的城市。标志图形用热情的红色象征徐州地铁人细心严谨、热情自信的服务标准。同时，热情的红色也彰显着徐州城市精神：有情有义、诚实诚信、开明开放、创业创新。设计立意鲜明，体现出简洁明快的设计风格，具有现代设计理念和视觉冲击力，便于识别、易于传播。

总体来看，城市轨道交通文化是城市文化的体现，城市文化是城市轨道交通文化的基础。要提升城市精神，促进城市文化的发展，促进城市的经济建设，城市轨道交通文化在建设中就不能离开城市发展的历史，不能离开城市发展的方向，不能忽视城市大众对城市轨道交通文化的需要。只有合理利用城市文化资源，充分发掘城市轨道交通文化的潜力，在二者有机结合的基础上，拓展城市轨道交通文化的延伸方向，城市文化的特点才会越来越明晰，凝结为城市精神，进而促进城市的健康发展。

2. 轨道交通枢纽的商业文化活力提升——彭城广场地下空间规划

徐州在历史上作为南方和北方文化的分界线上的城市，有着深厚的商业文化积淀，历史上也成为商业贸易往来的枢纽城市。彭城广场作为徐州城市历史上和目前的城市中心，位于轨道交通1、2号线一期工程两条骨干线路的交点，周边分布有金鹰百货、金地商都、苏宁广场、中央百大、古彭大厦等综合性商业体，为徐州市最密集、规模最大的商业核心（**图6-65**）。

（1）客流预测和商业开发潜力

然而随着城市机动车保有水平的提升，徐州市彭城广场作为城市中人流、车流密集的地方，地面交通也面临着非常显著的压力。结合轨道交通建设，进行地下空间开发，可以达到提升城市商业文化，促进商业活力发展的效果。首先，根据彭城广场的区位和周边建筑出入口位置，结合轨道交通1号线和2号线客流情况，采取空间句法方法，对彭城广场的商业发展潜力进行模拟（**图6-66**，**图6-67**）。

图 6-65 彭城广场轴测图
图片来源：北京交通大学城市规划设计研究院

通过餐饮零售业态的POI数据调查和轨道交通流量数据的分布发现，未来随着轨道交通客流的进一步上涨，彭城广场地带就会依据城轨文化的需要，立即成为商业开发、住宅建设等的重点地带，有着很强的商业文化潜力。结合地下空间开发需求和商业潜力进行开发，应考虑到轨道交通带来的客流商机，又要长远考虑进行城市历史文化展示。综合来看，彭城广场站位于两条地铁线路的交会处，有着非常突出的节点效应，是人流大量集中的地方。

（2）地下广场开发的出入口分析

作为重要的轨道交通换乘枢纽，地下广场的空间设计需要既满足换乘的交

图 6-66 彭城广场的开发潜力和轨道交通零售、餐饮设施预测
图片来源：北京交通大学城市规划设计研究院

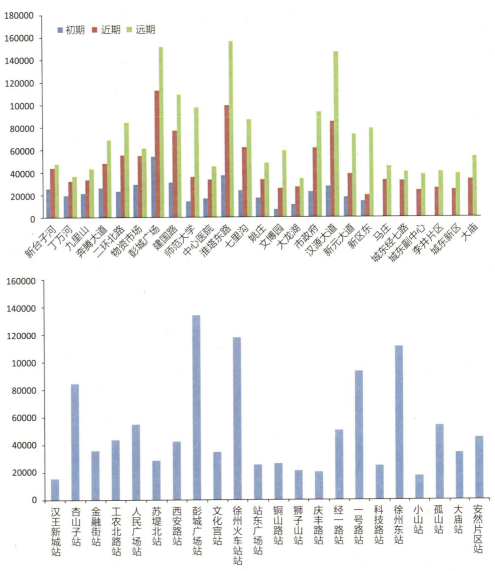

图 6-67 彭城广场的开发潜力和轨道交通客流情况预测
图片来源：北京交通大学城市规划设计研究院

通需求，又体现商业开发的功能。根据这两个目标，首先进行地下空间客流的分析，考察位于广场周边的地下人流、客流联系；而后，再根据建筑地下线路联系而进行广场设计。

通过将1号线、2号线换乘站厅与地下空间的通道进行分析（**图6-68**，阴影部分）可以发现，主要的客流流线是通过换乘站厅进入北部的金鹰购物中心，以及向东南方向穿过地下广场，进入东侧的苏宁广场及古彭地下广场两条路线。此外，在东西向地下交通方面，连接西部的古鹏大厦和佳盛大厦到东部苏宁地下广场的流线，也成为地下广场的主要线路。根据形态设计追随主流线的原则，在进行地下广场设计时，在地下空间开发时，需要考虑根据客流流向对轨道交通站厅与商业的连接加以引导。

最终地下空间的开发模式在形式上可能并不属于传统的"方形空间",甚至有一些不平行的空间出现,呈现出三角形。这样的地下空间设计,与前文中纽约的案例有异曲同工之处,起到将轨道交通站点客流引导进入商业综合体的作用。通过客流引导式设计,一方面,可以根据实际商业综合体吸引力而布局的商业客流需求,有机地与轨道交通站厅之间进行无缝衔接;另一方面,可以通过地下空间开发,建立地下交通走廊,而将步行客流适当引入地下,建立地下交通体系而减少对地面的交通干扰(**图6-69**)。**图6-69**尝试用Agent模型对从彭城广场的地下空间进行模拟,发现根据形态设计的地下广场空间可以有机地将客流疏散到地下空间的中心,再分流到各商业综合体中,也起到高峰时期的客流分流作用。

经过地下空间设计,彭城广场将建立中心商圈的地下慢行通道,成为徐州市地下文物、文化展示的重要窗口,从而成为集景观、休闲、文化场地于一体的城市广场。根据人流动线和已有相关资料,合理安排集中一处的文物保护及展示空间与展示形式,连接通道、商业、文化展示空间的风貌应有机协调,营造具有艺术气息氛围的地下空间。

(3)轨道交通枢纽的地下空间设计

徐州地下文物丰富、历史遗存多样,特别是彭城广场曾经作为城市中心,历史纹理就更

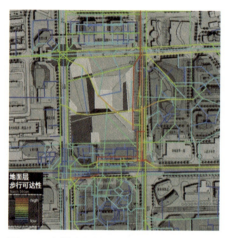

图 6-68 彭城广场地面与地下空间步行可达性分析

图片来源:北京交通大学城市规划设计研究院

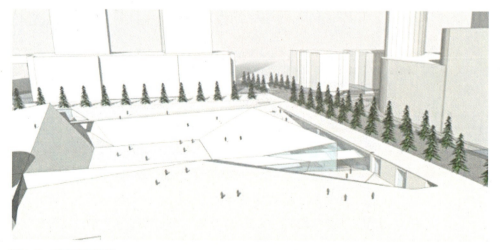

图 6-69 地下空间设计

图片来源:北京交通大学城市规划设计研究院

为深厚。基于史料和文物的分析表明，由地表向下依次为明代地层沉积（-3.5～4.5m）、唐宋代地层（-4.5～6.5m）以及汉代地层（-12m以下）(**图6-70**)。彭城广场的地下文物非常密集，历史遗存丰富，成为展示徐州历史文化的绝佳窗口。结合轨道交通站厅和彭城广场地下空间开发，进行历史剖面的展示，可以起到丰富城市文化、将轨道交通与城市历史深度融合的作用。

在国内的轨道交通和地下空间开发中，通常对地下文物遗存表现出非常谨慎的态度。在开发地铁过程中，一旦遇到文物层，通常的做法是停工请文物专家分析并绕行。然而，历史遗迹在地下空间的存在通常是以3D形态出现的，只要主要施工面与历史遗迹在垂直方向保持安全距离，即使在水平图纸上看似重叠，实际也不会对文物造成破坏。在西方国家，如雅典、罗马等城市都采取了类似方法，结合城市轨道交通营造"地下博物馆"。

地下文物可在地铁车站外空间进行展示，乘客在乘坐地铁时即可看到，节省时间同时效果更佳显著。例如，希腊雅典也是一座千年古城，既然是古城自然少不了古遗迹、古文物，因此，雅典在修建地铁时，难免就会挖掘到某个古城墙、古墓……再加上雅典人秉承"文物要尽量在原来的位置上恢复"的信念，于是，雅典的地铁车站就有了兼作博物馆的功能。雅典目前有多个地铁车站都设有文物展示区，其中最著名的是卫城地铁车站和锡塔玛广场地铁车站。在锡塔玛广场地铁车站，人们可以欣赏到令人惊奇的地面剖面，大理石墙壁上整齐地排列着各式各样的展品和艺术品，玻璃盒子里展放着形态各异的雕塑。徐州地铁车站参考此类站外空间利用方式，可以展示自己特色的文物。

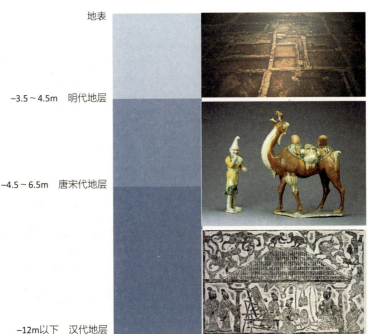

图 6-70　地下剖面示意
图片来源：
北京交通大学城市规划设计研究院

在地下空间设计方面,彭城广场设计采用夯土及玻璃结合的方式,展示城市地下历史剖面,营造沉浸式体验展示空间,置身其中,感受文化与历史的魅力,轨道交通已经不再是一个单纯的运输空间或简单的交通工具,而是一个承载着文化的移动传播窗口。从剖面设计来看,广场的设计充分结合地形进行地下坡面展示,采取地下与半地下相互结合的模式(**图6-71**)。

例如,在站厅采取标高为−7.300m左右的地下空间设计,保证了对唐、宋、明三个朝代夯土城墙纹理的呈现。在采光方面,采取蜂窝状顶部,保证了透光性,使得从轨道交通站厅到地下广场的设计具有户外阳光感,从而避免连续地下空间而产生的压抑感。在地下广场的中心采取−4.500m标高设计,可以引导其他城市步行客流将广场作为城市公共开敞空间加以利用(**图6-72**)。

从效果图来看,在徐州地铁站厅中,采取博物馆式呈现,不仅串联城市文化地标,也为地铁线路赋予了丰富的文化内涵。在轨道交通线路轴线上,展示了历史文化的厚度,承载了丰厚的历史文化底蕴,成为城市人文景观的一部分。

图6-71 彭城广场地下空间文化遗迹展示效果
图片来源:北京交通大学城市规划设计研究院

图6-72 地下空间设计效果及地下剖面示意
图片来源:北京交通大学城市规划设计研究院

6.3.4　投融资视角：曼谷轨道综合开发的土地溢价

在人口、经济快速增长与快速机动化的东南亚城市，轨道交通同样在促进城市发展中扮演着重要角色。本部分将以曼谷轨道交通融资为例，从投融资和轨道交通周边土地价值增值的角度，探讨轨道交通与城市发展的关系。作为东南亚人口迅速聚集的城市，机动化趋势下城市交通拥堵情况日益严重。轨道交通提供了良好的解决城市通勤问题的方法，然而由于经济起伏和融资体系差异，为轨道交通建设提供资金来源成为首要问题。如何为高额的轨道交通基础设施提供融资，并通过周边土地溢价的方式进行投资和运营补偿，成为曼谷轨道交通与城市协同发展所面临的主要问题。

同样作为发展中国家城市的曼谷，不仅是泰国本国人口和经济最为集中的地方，也是整个东南亚区域最具吸引力的城市，吸引了大量来自缅甸、老挝、孟加拉和柬埔寨的移民。而作为世界上交通拥堵最为严重的城市之一，曼谷的交通问题由来已久，公共交通发展程度仍然滞后。曼谷土地为私有制，而城市轨道交通的开发建设也更加依赖于私营财团而非政府直接投资，体现了与中国轨道交通建设和运营不同的特征。

从20世纪90年代开始，曼谷注重通过轨道交通建设缓解地面交通压力，最初地铁建设面临着巨大的资金压力，两家最具代表性的公司MRT和BTS面临着不同程度的财政压力。因而，建设线路的同时，与开发商合作开发周边物业，在通车后获得土地增值，形成了回收资金的闭合循环。通过土地回收资金，比通过票价收益回收资金更加有效。

在本节中，将以泰国曼谷轨道交通投融资案例，从城市交通基础设施投融资与运营的角度出发，分析交通基础设施建设开发的受益影响。并通过轨道交通建设前后土地利用、开发潜力与步行可达性的变化，阐述轨道交通基础设施建设对"土地溢价（value capture）"的增值过程。

1. 轨道交通周边土地融资模式

近年来，发展中国家对交通基础设施衍生出越来越多的需求，但却又往往处于一个困局：交通基础设施建设虽然能够带动经济增长，但政府和开发商没有足够的财政能力去支付项目的成本费用，那么谁来为基础设施建设买单？如果基础设施开发商、使用者、资金、银行等多方利益主体能够通过良好的共同运作、协同发展，就能够形成良性循环的"双环结构"[45]而让使用者和政府税收都受益（**图6-73**）。

（1）从使用者角度出发

由基础设施提供方出资建设基础设施并运营管理，使用者需要支付使用基础设施的费用，作为基础设施的收益，将这笔收益用来填补基础设施建设、运营、养护所支出的成本，能够促进融资圈循环，以带动更多基础设施建设。基础设施建设、运营对于企业经济增长和个人收入具有重要的带动作用，由此提高使用者可支付的能力，这就是著名的"使用者付费制度"。资本在循环中得以更好流动。

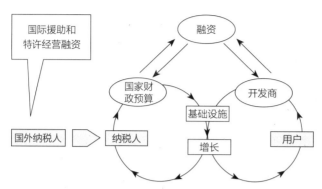

图 6-73 城市交通基础设施资金运作方式

图片来源：刘志. 2017-6-27. 北京交通大学讲座《PPP在轨道交通建设中的应用》.

（2）从政府税收角度出发

基础设施能够带来巨大收益，政府财政预算通过税收或者借债来缓解基础设施建设的成本压力[46]，进而促进经济增长和税收增加，由此为政府带来更强的还贷能力，这就是项目融资的另一个循环。

此外，对于一个基础设施项目而言，很难在项目建设初期筹集到巨额投资，银行贷款在这时就体现出其优越性。银行通过向政府或项目提供贷款，满足基础设施建设所需的大规模投资。同时，如果能够得到来自世界银行、多元发展银行等国际援助，基础设施的资本运作将会更为顺畅。

2. 轨道交通的融资方式与PPP

城市轨道交通基础设施的经营方式和基础设施建设资金来源也有许多形式，主要包括地方财政投入、地方债务融资、专业金融中介、项目融资、土地融资等。由于轨道交通对于城市财政来说是巨大的投入，可能由于支出过大形成政府财务负担，在中国城市轨道交通的前期可行性研究中，通常强调自由资金比率。而在以曼谷为例的东南亚国家，多种融资方式并存的特征非常明显，提供了多元化的资金来源方式。

（1）地方财政收入

地方财政收入一直都是基础设施建设资金的主要来源。地方政府通过向银行贷款获取资金建设基础设施，同时也要靠基础设施建设带来的财政收入来支撑债务偿还，还有一部分收益则是来源于中央和地方政府的补贴。

（2）地方债务融资

地方债务融资主要依靠发行用于基础设施建设的市场债券、征收税务和向使用者收取基础设施使用的费用等方式进行融资。

（3）专业金融中介

通过市场化运作的专业金融中介把机构投资者的资本引入地方政府的基础设施建设中。专业金融中介可以帮助不具备债务管理能力的政府引进资本，通过专业咨询业务帮助地方政府选择更好的项目。

（4）项目融资

项目发起者以其项目的未来收入和财产为基础从国内外资本市场筹措资金建设基础设施。公私合营模式（public private partnership，PPP）通过政府和民营资本之间签订合作条约以共同发展公共基础设施，这种模式近年来被广泛应用于基础设施建设方面，中国在高速公路领域有许多实践。

（5）土地融资

基础设施建设为土地带来增值收益。通常来说，通过将基础设施建设、运营和土地开发相结合，注重综合开发利用，这种方式在东京和香港运作成果显著。

在这些融资方式中，项目融资公私合营模式是典型的项目融资方式之一。PPP模式起源于20世纪90年代初的英国鼓励私有部门在交通、能源等基础设施方面投资，随后美国、日本、加拿大等发达国家也开始摸索适合本国发展的PPP框架和实施要案。PPP被认为是基础设施建设的一种项目融资运作模式，通过政府部门与民营部门合作，允许民营部门参与到公共产品的提供和服务中，从而达到比预期目标更有利的成果。然而这种模式在最具潜力的同时也是最有争议性的。

PPP模式的优势在于不仅有助于减轻政府的债务风险和政治风险，并且根据不同的项目有不同的方式进行选择，包括BTO、BOT、BOO等，而且能带来更高效的管理和更先进的技术，实现资源的有效利用，提高项目整体财务稳健性；劣势则体现在无论是信贷部门或是金融市场，对私营部门的认可度远远低于公共部门，这就导致私营部门融资成本要更高。近年来，PPP模式在许多发达国家研究应用方面已形成比较成熟的体系，尝试推广应用于交通基础设施领域中，尤其是公路建设方面。在东南亚国家，PPP模式在轨道交通建设方面已经具备十分成熟的经验，尤其是曼谷、马尼拉和吉隆坡等城市。

许多发展中国家共同面临的困境是，政府部门包揽基础设施的建设和运营，但是却忽略基础设施建设所带来的土地增值收益来促进可持续的公共基础设施融资。要实现可持续发展，就应当注重土地增值带来的效益。土地增值收益通常可以通过以下办法获取。

（1）征收物业税

基础设施与土地的综合开发是土地价值增值中的一项。

（2）公共土地特许经营权

在土地公有制国家，所有公共土地特许经营是土地增值的另一种方式，哥伦比亚等拉美国家则是采用改善征税制度。

（3）城市与轨道的综合开发

香港和东京发展的"轨道+物业"模式在国际上享有较高的评价，这种模式通过整合地铁沿线或站点周边土地发展商务中心、购物中心、高品质公寓和公园等，使参与地铁投资和运营的社会资本通过周边土地开发进行多元化经营，建立投资回报机制以回收初期的投资建设成本，更为高效地利用土地，创造更高的土地价值。[47]

3. 曼谷轨道交通站点周边开发与土地增值

曼谷的轨道交通建设BTS线路充分体现了多渠道的平衡资金和回收机制。曼谷公共运输系统（BTS）地铁线是曼谷的首条地铁线，线路通过了曼谷最繁华的商业中心和CBD地区，对缓解这一地带的轨道交通压力起到了重要作用。由于是修在地面上的高架地铁线，由曼谷公共交通系统（Bangkok Mass Transit System）的子公司——那他勇公司于1992年4月注资修建运营，投入177亿泰铢（5.32亿美元），于1999年12月5日正式开始运营（图6-74）。BTS线路的修建极大地改善了曼谷的交通拥挤状况，也体现了民间资本在轨道交通的注入。[48]

为了更好地鼓励民营资本参与基础设施建设，监督BTS的修建和运营，合理制定票价，泰国政府在1996年专门颁布《公共有限公司法案》，以合同和法律对民营资本进行约束和监督。在此法案的背景下，政府与曼谷轨道交通公司签订30年特许经营权的优惠政策，运营期间的收入由曼谷轨道交通公司100%保有，同时在特许经营权期间持有股份比例不低于51%，30年期满后运营资产以BOT的形式转让。[49]

随着轨道交通的发展，轨道交通为周边商业设施带来大量客流，可达性提升的益处被广泛

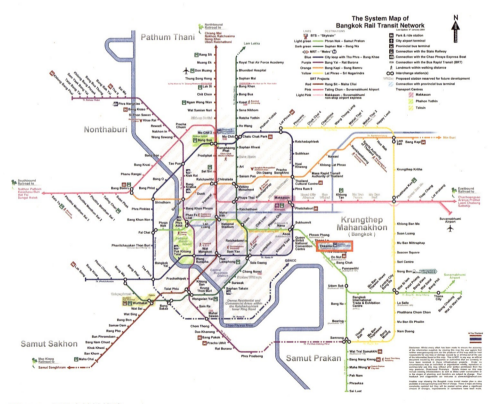

图 6-74　曼谷市地铁线路
　　图片来源：曼谷轨道交通官方网站

图 6-75 曼谷轨道交通实景

认可。很多商场、旅店、写字楼主动修建了从空中对接的步行走廊，可达性改善推动了周边物业的增值。目前，主要的商务办公区围绕BTS线路分布的特征非常明显，城市轨道交通为商务人士的出行提供了便利，成为在各种天气和交通拥堵情况下都非常可靠的出行方式。邻近轨道交通站点，也成为商业、餐饮、便利店等公共服务设施选址的一个重要考察因素，客流带来无限商机，而使得轨道交通沿线的优势体现为较高水平的商业租金（图6-75）。

另外一家轨道交通公司MTR公司则更多地与重大区域重大交通基础设施相连接，并体现了铁路与城市轨道交通衔接的特征。传统上，泰国火车站周围是外来人口较多、治安较差的地区，也是交通最为糟糕的地区之一。很多商务人士更愿意选择飞机，而不愿意选择火车作为远途出行的交通工具。通过MRT公司的线路规划设计，使包括曼谷中央车站、华隆坡火车站等老火车站，以及东南亚铁路枢纽邦素（Bang Sue）新站都与轨道交通有着良好的连接性，方便了商务旅客出行。甚至在中泰高铁终端邦素（Bang Sue）站周围，规划建设了高铁新城，目前成为曼谷房地产增值最快的地区之一。

4. 小结

城市轨道交通是连接土地开发与利用的中心纽带，倘若轨道交通线网规划合理、布局完整，城市轨道交通不仅能够更好地服务大量乘客和带动周边的商业、办公、居住等物业及商务办公设施发展，还能带来土地增值，推动周边房地产和物业价值提升。[47]相应地，商业、办公等周边设施也能够为城市轨道交通带来大量客流，两者之间形成一种互补的模式。

在整合地铁运营商、周边土地开发商、周边社区和土地持有者等相关利益主体，获得土地增值带来的巨大效益以填补该线修建和运营的成本方面，BTS对其他国家发展轨道交通综合体系起到重要的借鉴作用。BTS为沿线商业办公设施带来大量客流，周边物业设施主动出资为BTS修建电梯等基础设施，直到今天，BTS沿线的周边物业仍然在不断发展当中。无论是在投（融）资还是运营方式方面抑或是从土地增值收益获取的角度，曼谷轨道交通系统在世界各国均享有较高评价。

PPP模式的良好运作正是基于城市轨道交通与土地开发利用这个关系。一方面正是由于城市轨道交通对周边商业综合体开发的带动作用，才使得PPP的融资模式成为可能；另一方面，国内轨道交通建设、运营由政府兜底，多数情况下没有考虑到土地增值效益，导致轨道交通建设和物业开发不能实现良好结合，轨道交通运营多处于亏损状态。事实上，政府提供的贷款并不是永久无偿的，过多地消耗资金对政府而言也是不合理的，这就要求政府优化投（融）资结构，结合国情引入PPP模式，建立地方债务管理体系，借鉴使用者付费机制，在保证社会公平、公正的前提下减轻政府负担，实现资金良性循环，最终建立可持续发展的轨道交通系统。[45]

6.4 本章小结

本章通过国际视野到中国实践的案例分析，详细探讨在时间、空间、功能三个维度上轨道交通与城市发展的协同。在讲述来自不同国家的案例时，再次值得强调的是，协同是在特定经济、社会文化背景和历史发展阶段下的优化选择，如果脱离这些特定背景和约束限制条件，理论上的"协同"将不能在真空中发生。

在空间上，无论在区域和城市尺度，轨道交通与城市发展体现了"共发展、共命运"的契合性。区域的一体化需要"轨道上"的同城化来支撑，通过空间连接缩减出行成本，使区域一体化不再是"空中圣杯"，而转化为实际钢铁支撑起来的重型交通基础设施——可以说，没有交通支持的一体化是无从实现的。通常城市的重要发展方向需要重要的交通走廊来支撑，而轨道交通提供了大运量、快速的交通走廊，从而使城市未来的扩展得以兑现。正如为城市生命体输送营养和水分的骨骼那样，轨道交通基础设施从有机整体到局部环节，都提供了城市生命体生长所必需的基本营养和代谢需求，使城市呈现出"动态"和"活力"。

在时间上，正确的决策也必须出现在正确的时点。轨道交通与城市发展的时间同步，体现了同频性的特征。依据交通经济学的理论分析，轨道交通走廊存在着特定时点背景下的最优规模，过早建设可能尚未满足最低客流需求，太过超前而形成运营上的压力。而轨道交通建设滞后可能导致客流强度和规模无法被满足，即使有轨道交通连接，人们还是依赖于私家车等交通方式出行。时间上的协同，还体现在对已有废弃轨道交通设施的再利用上。再利用不仅将位于城市中黄金地段的区位价值再次发掘，也体现了城市绿色发展的整体理念。

在功能上，协同体现为轨道交通对城市功能的支撑以及附加的社会文化等功能。通常在研究中更加关注轨道交通的交通功能发挥，并强调其对城市土地利用性质、密度、强度和开发混合度等提供的客流规模、强度等支持作用。在近年来兴起的TOD理念中，也强调城市规划和建筑设计中遵从交通先导的理念，围绕交通发生量而进行流线设计。然而，在交通功能之外，城市轨道交通还可以从文化、社会服务等方面进一步丰富城市和区域的功能，而成为城市中必不可少的支持系统。轨道交通是城市的一张名片，也会是通常外来游客首先接触到的城市建成空间，通常与高铁、机场等交通枢纽接驳，成为城市的"第一印象"中的重要组成部分。因此，在交通功能之外，丰富城市轨道交通的社会、文化等多元功能也成为功能协同的重要考察指标。

参考文献

［1］盛来芳，宋彦. 城市土地利用对轨道交通运营的影响——以纽约地铁为例［J］. 城市交通，2012，10（2）：33-39，74.

［2］陈睿玮，彭其渊. 纽约地铁快慢线并行模式对带状城市轨道交通线路布置的启示［J］. 交通运输工程与信息学报，2013，11（2）：70-76.

［3］Clifton K, Ewing R, Knaap G, and Song Y. Quantitative Analysis of Urban form: A Multidisciplinary Review[J]. Journal of Urbanism International Research on Place Making & Urban Sustainability, 2008, 1(1): 17-45.

［4］刘志丹，张纯，宋彦. 促进城市的可持续发展：多维度、多尺度的城市形态研究——中美城市形态研究的综述及启示［J］. 国际城市规划，2012（2）：47-53.

［5］Handy S L, Niemeier D. Measuring Accessibility: an Exploration of Issues and Alternatives[J]. Environment and Planning A, 1997, 29(7): 1175-1194.

［6］吕斌，张纯，陈天鸣. 城市低收入群体的就业可达性变化研究——以北京为例. 城市规划. 2013, 37（1）：56-63.

［7］史育龙，周一星. 关于大都市带（都市连绵区）研究的论争及近期进展述评［J］. 国际城市规划，1997，12，（2）：2-11.

［8］张纯，贺灿飞. 大都市圈与空间规划：国际经验［J］. 国际城市规划，2010, 25（4）：85-91.

［9］Vickerman R, Spiekermann K, and WegenerM. Accessibility and Economic Development in Europe[J]. Regional Studies, 1999, 33(1): 1-15.

［10］Ortega E, López E, Monzón A. Territorial Cohesion Impacts of High-speed Rail at Different Planning Levels[J]. Journal of Transport Geography, 2014, 34(1): 16-24.

［11］邹胜蛟. 重庆主城城市空间结构与城市交通系统协调发展研究［D］. 重庆：重庆交通大学，2010.

［12］冯浩，周天星，陈仕列. 基于山地特征的城市轨道交通应用分析［J］. 交通运输工程与信息学报，2018（3）：125-130.

［13］刘慧敏. 轨道城市：重庆之绿色交通与城市空间结构演变［C］// 2018城市发展与规划论文集，2018.

［14］国家统计局城市社会经济调查司. 2018中国城市统计年鉴［M］. 北京：中国统计出版社有限公司，2019.

［15］谭希. 基于轻轨的重庆城市空间整合研究［D］. 重庆：重庆大学，2012.

［16］Cervero R, Kockelman K. Travel Demand and the 3Ds: Density, Diversity, and Design[J]. Transportation Research Part D Transport & Environment, 1997, 2(3):199-219.

［17］Messenger T, Ewing R. Transit-oriented Development in the Sun Belt[J]. Transportation Research Record: Journal of the Transportation Research Board, 1996, 1552(1): 145-153.

［18］宋彦，彭科. 城市空间分析GIS应用指南［M］. 北京：中国建筑工业出版社，2015.

［19］张纯，夏海山，宋彦. 轨道交通带动下的城市形态演变——以北京为例［J］. 城市发展研究，2016, 23（9）：107-112.

［20］Zhang C, Chai Y. Un-gated and Integrated Work Unit Communities in Post-socialist Urban China: A Case Study from Beijing[J]. Habitat International, 2014, 43(3): 79-89.

［21］Xia H, Shen C, Zhang C, et al. Challenges in the Integration of Light Rail and Land Use: A Case Study of Yizhuang Line in Beijing. Urban Rail Transit, 2017, 3(1): 45-53.

［22］Condit C. The Railroad and the City: A Technological and Urbanistic History of Cincinnati. Columbus: Ohio State University Press, 1977.

[23] 孟祥春. 美国铁路的货运与客运[J]. 理论学习与探索, 2008（4）: 72-75.

[24] Horn T, Lovallo, S. and Viguerie P. Learning to Let Go: Making Better Exit Decisions[J]. McKinsey Quarterly, 2006, (2): 64-75.

[25] Cincinnati Planning Bureau. 1925 Official Plan of the City of Cincinnati. Retrieve on 2018 Feb 18.

[26] Thompson S. A Short History of American Railways: Covering Ten Decades[J]. 1971.

[27] Cincinnati Planning Bureau. Cincinnati Museum Center Restoration and Renovation Plan[R]. Cincinnati, 2006.

[28] Albert Churella. Corporate Culture and Marketing in the American Railway Locomotive Industry: American Locomotive and Electro-Motive Despond to Decentralization [J]. Business History Review, 1995, 69 (2).

[29] Beaver J. Front-end Evaluation at the North Carolina Transportation Museum[J]. Visitor Studies, 1995, 8 (2): 80-83.

[30] Churella A. Museum Review[J]. Journal of Transport History, 2003, 24(6): 110-115.

[31] 马超, 郭军利, 张晓东等. 美国铁路发展历史及现状[J]. 铁道运输与经济, 2011, 33（9）: 58-61.

[32] 付美榕. 美国铁路业的兴衰及其影响因素[J]. 美国研究, 2018, 32（1）: 127-142.

[33] Douglas J. Puffert. The Standardization of Track Gauge on North American Railways, 1830–1890[J]. The Journal of Economic History, 2000,60(4): 1-52.

[34] 王泽彩, 张务栋. 美国铁路网的形成、分布和改造[J]. 世界地理研究, 1994（01）: 60-66.

[35] 胡伟. 论铁路在美国南方转型时期的作用[J]. 重庆科技学院学报（社会科学版）, 2010（05）: 146-147.

[36] 苏敬之. 美国铁路历史与现状的分析[J]. 北方交通大学学报, 1978（02）: 91-121.

[37] Abou-Zeid M, Witter R, Bierlaire M, et al. Happiness and Travel Mode Switching: Findings from a Swiss Public Transportation Experiment [J]. Transport Policy, 2012, 19(1): 93-104.

[38] Cantwell M, Caulfield B, O'Mahony M. Examining the Factors That Impact Public Transport Commuting Satisfaction [J]. Journal of Public Transportation, 2009, 12(2): 1-21.

[39] 朱菁, 范颖玲. 国外出行幸福感研究进展及其对我国未来研究的启示[J]. 国际城市规划, 2018, 33（4）: 74-83.

[40] Henry R, Lovett A, Sünnenberg G. Potential Accessibility, Travel Time, and Consumer Choice: Geographical Variations in General Medical Practice Registrations in Eastern England [J]. Environment and Planning A, 2010, 35(10): 1733-1750.

[41] Blumenberg E, Pierce G. Automobile Ownership and Travel by the Poor [J]. Transportation Research Record: Journal of the Transportation Research Board, 1998, 2320(1): 28-36.

[42] Warade K. The Accessibility and Development Impacts of New Transit Infrastructure: The Circle Line in Chicago [M]. Cambridge: Massachusetts Institute of Technology Press, 2007: 87-128.

[43] 张纯, 吴莹, 马程等. 乌鲁木齐市的职住空间关系特征及变化规律研究——基于2010和2014年交通调查分析[J]. 城市发展研究, 2019（3）: 24-31.

[44] Duranton G, Turner M. Urban Growth and Transportation [J]. Review of Economic Studies, 2012, 79(4): 1407-1440.

[45] 刘志. 城市交通基础设施投融资[J]. 城市交通, 2010, 8（05）: 11-13.

[46] 刘志. 提高地方政府财政管理能力[J]. 当代贵州, 2014,（16）: 45.

[47] 叶霞飞, 蔡蔚. 城市轨道交通开发利益的计算方法[J]. 同济大学学报（自然科学版）, 2002,（4）: 431-436.

[48] Ichiro Kakizaki. Trams, Buses, and Rails [M]. Bangkok: Silkworm Books, 2014.

[49] 曾险峰. 曼谷轨道交通投资经营模式对我国的启示[J]. 交通与运输, 2016, 32（5）: 70-71.

第 7 章 总结

7.1 轨道交通与城市协同发展的主要问题

通过前几章的研究发现，无论在国内还是国外，虽然有着轨道交通与城市协同发展的美好愿景，事实上在各城市的实践案例中时间上、空间上和功能上的协同，无论是在国外还是中国城市从来都不是一件容易的事情。通过上述数据分析和案例研究发现，轨道交通与城市协同的问题可以分为时间、空间和功能三个层次的问题。

研究通过利用国内外案例研究分析发现，轨道交通与城市空间之间是相互影响、相互促进又相互制约的。在中国城市轨道交通开发和建设中，应结合城市规划需求，进行协同发展才能达到轨道交通与城市发展的双赢。在从第5章到第6章的研究中，目前国内外轨道交通与城市协同存在的主要研究问题包括以下几个方面。

1. 空间上的均衡

轨道交通与城市发展在空间上的失衡，会导致城市交通出行量的供给与需求在空间上难以均衡。局部空间尺度上的出行需求大于轨道交通供给，会使人们转而选择其他交通方式，从而引发交通拥堵；如果出行需求小于轨道交通供给，会产生轨道交通效率低下，运营亏损。

在本书介绍的几个案例中，纽约等城市通过长期建设与发展，基本实现了轨道交通与城市的空间平衡。而在中国的案例中，由于轨道交通仍然在快速发展和建设过程中，局部不均衡仍然存在。例如，在北京案例中，2010年的轨道交通建设里程与2000年相比有着根本性提升，轨道交通网络初步形成，然而城市南部的轨道交通基础设施建设仍远滞后于城市北部的平均密度，导致同一城市内部区域性的空间失衡。空间失衡影响体现为人口和经济要素分布的"马太效应"，即人口密集的地方进一步体现出集中分布的趋势、已有的经济中心密度更加极化。

同时，轨道交通基础设施的空间不均衡，在已有的空间格局基础上，使得职住空间分离背景下的就业可达性差异更大。根据主客流线的通勤刚性分布，在大运量、快速公共交通基础设施缺失的背景下，出行需求可能会转向其他私人交通模式，而加剧交通拥堵。换言之，刚性通勤者无论通过何种交通方式必须完成从居住地到就业地的移动，无论是否具有便利的轨道交通基础设施支持。本书介绍的北京案例中，房山线就是比较典型的案例。在房山线开通时，与其衔接的9号地铁线尚未开通，轨道交通空间上的不均衡导致从长阳出发的通勤者不能方便进城，部分通勤者转而开始选择私家车通勤，导致京港澳高速公路拥堵。这说明，对于大多数上班族来说，每日通勤是刚性的，人为制造不均衡的交通条件并不是冷却局部交通的良方，反而会使得其他地方的交通更为拥挤。

2. 时间上的匹配

除了空间均衡，轨道交通与城市建设在时间上的匹配也十分重要——时机，决定成败。如果轨道交通超前于城市发展和建设，可能导致使用率低下、客流难以支持运营等问题；而如果轨道交通滞后于城市建设，可能会导致交通需求过量而供给不足的交通分担率滞后、交通供给不足等问题，从而阻碍城市正常的交通功能。

在本书案例中，北京亦庄和辛辛那提案例典型体现了时间上的失配可能产生的影响。在北京亦庄线案例中，去亦庄经济开发区就业的高管阶层和高级技术员工已经形成了开私家车上下班的习惯，厂区也配建了大规模的停车场等设施。这导致亦庄线开通后，位于城市远端的通勤者很难从私家车通勤转移到轨道交通为主的公共交通模式，形成了路径依赖；在提供城市轨道交通设施的同时，依然面临着私家车过量而带来的交通拥堵问题。相似地，回龙观、天通苑等大型保障性住宅也是如此，由于轨道交通基础设施滞后于居住区开发，在居民已经形成驾车出行的习惯后，很难彻底改变私人交通为主的交通方式——加上从轨道交通站点最后一英里路程难以解决，相比于轨道交通出行，私家车出行的舒适性和门对门优势更加明显。

在辛辛那提案例中，城市有轨电车（tram）本应当起到连接城市中心区就业地与城市郊区居住地两个功能之间的通勤作用，然而由于市政府财力所限，最后只能完成一半闭环而形成就业中心与中间地带工业区和老旧小区之间的连接，这偏离了城市主要通勤流线，最后退为客流量并不大、摆设功能大于通勤功能的"玩具"。功能失衡使得雄心勃勃地通过有轨电车振兴城市中心的计划不能完全成功。时机一旦失去，难以再来。

北卡罗来纳州斯宾塞交通博物馆案例提供了联系历史与展望未来的镜子。在南方铁路旧线路停运之后，沿线的老工业企业也进入了停产或减产状态。为了保留这段特殊的历史，铭记东海岸交通发展中的重要时刻，对既有铁路线路改造成为交通博物馆，并尽可能地展示当年车站和小镇的历史文化。

张家口案例体现了百年京张铁路的时光交错和历史重现。作为中国人第一条自主修建的铁路，写满曾经张库大道辉煌历史的京张铁路，对于展现张家口市的工业发展史最为辉煌的篇章有着重要的意义。为了让废弃后的十里铁路重新"动起来"，重新成为服务市民出行和冬奥会时期游客集散的南北向交通走廊，从而脱离绿道的静态保护模式，重现百年京张铁路的交通传承。

3. 功能上的协调

功能上协调，也成为轨道交通与城市发展协同的重要维度。通常按照TOD原则，城市轨道交通站点附近按照由近及远的次序，会依次安排商业、办公和居住等土地利用类型，实现土地价值的最大化。然而，如果城市规划用地性质与最高最佳功能不匹配，便会出现城市功能上的失调，造成城市轨道交通的低效。

乌鲁木齐案例，展示了城市交通基础设施的社会公平影响。对于仍处于快速发展中的中国城市，关注低收入人群等弱势群体的出行需求和出行品质，是提升城市服务公平性的重要方面。改善低收入人群的就业可达性和通勤满意度，不仅可以提高交通效率，还可以促进更充分的就业而有利于地方经济发展。

亦庄案例在时间错位之外，也反映了TOD理念未能如愿导致的功能失调。由于刚性的控制性详细规划中对用地的限制，轻轨旁的工业园并不能因为交通便利性的增加而将工业用地转为办公或者商业用地。因为轻轨开通的区位价值，在工业土地利用上得不到显示，而导致高级生产性服务业沿着轨道交通沿线集聚的滞后。功能失衡使得土地的最高最佳用途没有随着轻轨开通而发挥，阻碍了经济开发区的商业和办公活力集聚。

徐州案例展示了轨道交通的文化服务功能。通过地下空间一体化设计，增加了大量的出入口与周边建筑地下空间连通，提前对城市中心轨道交通枢纽的集中人流进行预估。同时，通过在展厅中设置展陈空间，将历史文物层的剖面展示给乘客，以"地下博物馆"的形式展示了城市悠久的历史文化，成为一张城市名片。

曼谷的ARL机场线本身解决了长期以来城市中心区与机场组团之间的轨道交通缺乏问题，然而，连接天铁（sky line）机场线与地面交通的走廊出入口建设滞后，导致很长时间内带行李的旅客以及商务旅客不愿意步行到高达数层的站台上，从而导致线路本身利用效率低下。对于城市轨道交通线路，不仅主体线路需要与城市发展在时间上协调，就连轨道交通线路出入口也同样需要与城市建设同步。不仅仅是"最后一英里"，就连"最后一米"的连接问题，如果不能解决同样会影响城市轨道交通线路使用的便捷性。

这些案例说明，不仅时间和空间上的协同非常重要，功能上的失调也可能会导致城市轨道交通与城市空间发展之间的不匹配。功能失调可能会导致城市土地利用最高最佳价值无法发挥，轨道交通基础设施投资的优势无法显现，从而扭曲城市发展的活力和阻碍发展潜力。

7.2 审视与反思

本书尝试将新的研究方法与技术运用到国内外有代表性的案例中，以此说明在特定历史发展时期城市轨道交通与城市发展的交互作用。本书在撰写过程中，包括两处对比框架，首先是国外案例与国内案例的比较，其次是历史视角与当代视角的比较，通过两处对比本书并非将国外经验、历史经验全部照搬到当代中国城市，而是希望充分吸取这些教训，起到洋为中用、古为今用的借鉴作用。

其中，在国外案例中，值得关注的是特定历史背景下的进步之处与局限性。例如，纽约中央车站在百年之前就充分考虑到客流给商业带来的潜力和对周边地块价值的提升，中央车站枢纽通过地铁线路将大都市中风格各异的小社区串联起来。又如，在俄亥俄河畔传统工业城市辛辛那提案例中，从运河到铁路又到捷运地铁、有轨电车和绿道，交通空间在城市中的位置似乎在200年间长久不变，而交通工具和技术却随着时代的发展和城市需求而不断演进，在联合车站辉煌时期过后伴随着是州际公路计划而带来的全美铁路衰退。在地球的另一端，北京的轨道交通线路每天都经历着春运般的高强度，使中国人民特有的勤奋勤劳的精神在京津冀大都市圈的轨道上上演，并且结合轨道交通的站点将沿线TOD开发做到极致。而在东南亚城市曼谷，随着连年来政治不稳定带来的动荡，如何持续为轨道交通建设提供融资成为首要难题，从土地中实现价值增值，以时间换空间、以时间换资本，似乎成为发展轨道交通所依赖的良方。不仅在中国，全球的轨道交通系统，也正如萧红的《生死场》中所描述的"有的忙着生，有的忙着死"。在北卡罗来纳斯宾塞小镇案例中，展示了盛极一时的南方铁路枢纽和检修站的消亡史，以及再生为北卡交通博物馆的故事。随着蒸汽机车时代的结束，斯宾塞小镇不再具有黄金时代作为"火车医院"的辉煌，而是转身成为介绍美国交通文化的博物馆建筑，原有的轨道也转变为观光型小火车。

这些国际案例说明，城市中轨道交通建设或许也需要一鼓作气的勇气，或许一时踌躇寻找合适的建设机会，会导致最终无疾而终，正如辛辛那提案例那样。尽管本书中介绍了各种方法和技术来对轨道交通与城市发展进行预测，而现实可能会充满不确定性，有可能保守的决策会最终失策，也可能冒进一些的决策会取得意想不到的效果。

中国在过去10年中的轨道交通建设，浓缩了西方国家长达几十年甚至一个世纪的轨道交通发展史，其显现的问题与矛盾也更加突出。其中，本书特别强调的是，对于不同的尺度、不同的维度，轨道交通与城市互动关系可能是体现出迥然差异的。例如，在京津冀城市群尺度上，高铁替代普铁带来的速度提升，更多地通过"虹吸效应"使得区域人口和就业向大城市集中，很多普速铁路时代具有"通过性"优势的小城市被"短路"。而在北京城市内部尺度，人口随着城市轨道交通建设同时呈现出向外疏散和在节点区位集中的现象，经济却更加向城市中心集中。在以亦庄线为例的轨道沿线，城市土地利用的演变尽管有着TOD理念，但由于实际工业用途和容积率的限制，并不能全部实现TOD发展，而是与轨道线路本身的区位和周边条件有着很大关系。从职住平衡的视角来看，亦庄线的建设并没有明显带动郊区新城的就业，而相反，居住在新城中的人口仍然主要向着城市中心区通勤。这说明，轨道交通系统的建设，从来都是一把"双刃剑"，规划者在提供"渠道"的同时并不能强制客流的方向。轨道交通也从来不是治疗城市交通问题的一副"万能药"——如果不结合城市功能和主要客流线分析，轨道交通的建设不但不能解决已有的问题，还可能使得已经存在的问题更加严重。

在中国其他城市的案例中，分别从文化和社会等维度来分析轨道交通给城市发展所带来的影响。本部分期望通过这些案例说明，城市轨道交通对城市的影响，远不止在交通领域而是会深入到社会、经济、文化等各领域。在徐州案例中，一改以往在地铁建设中遇到文物层就采取谨慎和回避的做法，本案例试图通过站厅剖面展示出城市历史，形成传播城市历史的窗口。乌鲁木齐案例则从社会公平视角出发，强调作为公共交通重要组成部分的轨道交通应通过为城市居民特别是低收入群体提供优质的交通服务，而改善他们的就业可达性，提升就业机会和就业满意度，从而帮助促进社会稳定。

审视这些国外和国内案例说明，城市轨道交通对城市的影响可能体现为诸多方面，远远超出了交通本身的范畴。在过去10年中，中国城市经历了一轮城市轨道交通的高速发展建设的规模和速度世界瞩目。很多城市形成了网络化的轨道交通，深刻地改变了城市空间的现状，也改变着城市未来的经济、社会、文化发展趋势。目前，很多城市提出口号，"建轨道就是建城市"，这反映了轨道交通对城市空间塑造的重要作用。

7.3 局限与展望

快速推进的轨道交通也为城市发展提出了很多新问题。例如，轨道交通与城市发展在空间上的错位、时间上的滞后和功能上的不匹配等。近年来，轨道交通领域探讨的各种热点话题，无不围绕轨道交通与城市的关系所展开。例如，TOD、轨道+物业、PPP、轨道沿线土地开发等。这些新的问题和挑战都需要系统化梳理轨道交通与城市发展之间的关系，结合新数据来源寻找恰当的研究方法和技术，并建构理论分析框架来评价轨道交通与城市的协同程度。

本书的局限和不足在于，在研究方法上本书尝试将包括影响模型、反馈模型和模拟模型在内的三过程方法应用于轨道交通与城市协同的理论框架中，并通过职住空间分析法、可达性和就业密度关系分析法及土地追踪方法加以考察。这些方法和技术可能并不能代表未来轨道交通发展的全部——随着越来越多的智慧城市和数据信息流提供，未来可能会出现更丰富的方法来对轨道交通与城市协同发展趋势进行全景式描绘。在案例选择上，中国幅员辽阔，从东到西、从南到北差异巨大，每座城市反映的案例可能都充满了特殊之处。由于篇幅所限和掌握信息的局限性，本书中所选择的案例可能并不足以代表所有的轨道交通与城市发展之间的关系。

中国有相当数量的城市在未来五至十年中，会完成纽约100年、北京50年、上海30年时间达到的轨道交通建设量，形成规模庞大的城市轨道交通系统。作为支撑城市发展"骨干"的轨道交通系统，与城市发展的协同将成为中国城镇化的重要课题。在建构其二者协同分析框架时，首先要考虑到快速建设所带来的动态性和交互性，打破传统上单向影响的思维模式。其次，空间视角下的影响、反馈和模拟范式，将对以往轨道交通领域的定量分析形成有益的补充，改变以往分析模型对空间因素和区位变量的忽视。

本书选取国外和国内案例，尝试在时间上、空间上和功能上说明城市与轨道的协同关系。这些案例可能并不能概括全部的轨道交通与城市协同问题，然而尝试在不同历史时期、不同城市发展阶段和不同经济融资体制下，轨道交通的运输功能如何与城市功能的融合。在处理国外案例与国内案例的关系时，汲取国际经验，逐渐重视中国城市本土的案例。考虑到中国轨道交通建设速度已经在世界上位于领先水平，中国目前正在进展的案例可能会为更多的发展中国家提供参考和借鉴。随着中国轨道交通的快速建设，可能会出现更多体现城市特色的案例，有待在未来的研究中进一步深入。综上所述，本书关注轨道交通与城市发展协同，希望有助于在理念上跳出城市轨道交通建设"唯里程论"的热度，在理论上指导轨道交通与城市两个系统在空间上匹配、时间上同步和功能上和谐，改善城市基础设施服务水平和提升城市轨道交通的综合效益。

后记

本书写作源于2013年开始到北京交通大学工作后，陆陆续续接触到的轨道交通相关课题研究和实践。百廿交大，交融通达。然而从燕园到红果园，最初似乎并不能马上融入具有深厚铁路历史和先进轨道交通经验的学府。彷徨中，发现将聚光灯集中在轨道交通线网本身的同时，周边的城市环境仍处于模糊的背影之中。而对于熟悉的城市规划领域来说，通常更加关注城市形态、空间格局，而将交通作为城市中的要素之一。在不同的学科范畴中，交通和城市的关系好像图底而交互关联。此时打开另外一盏灯，使"城市"从原先灯影下凸显出来，与交通并置加以考虑，以交通扩展城市研究的深度和动态性，以城市补充交通的广度和空间性，将成为"以交通补城市，以城市补交通"学科交叉双赢基础。

当代城市快速发展，交通基础设施以日新月异的速度建设，而在城市与交通交叉领域的理论和方法方面仍需不断积累。在中国城市轨道交通如火如荼发展的同时，如不加以总结经验、尊重固有规律而冒进，结果就会如小说《了不起的盖茨比》中的一句名言："我们奋力向前，逆水行舟，被不断地向后推，直至回到往昔岁月。"随着时代节奏加快，轨道相关的工程项目、相关的从业人员都在速度中与工期赛跑、与时间赛跑——然而快速发展中，也十分容易迷失自我，时间、空间和功能上的碎片化也使得人们的生活和工作方式发生了天翻地覆的变化。研究这些包括轨道交通在内的快速建设带来的"变"，成为当代城市永恒的课题，调整、转型、发展，似乎"变化"才是永远不变的主题。

在本书结尾的感悟，回归到"交通"最初"天地交而万物通"的含义，即包含动态适应哲理的先贤智慧。古今中外，伟大的交通工程通常意味着铭记一个大变革的时代，一条通过"交通"而实现理想的大路。中世纪时期，十字军东征是欧洲世世代代君王挥之不去的梦，通过罗马式道路实现圣战之梦。在当代中国，轨道交通的建设和其他大型交通基础设施一道，承载着无数工程师的理想与追求。在轨道交通建设的热潮中，通过本书来审视和反思，"跳出交通看交通"——不仅关注那些伟大的轨道线路和站点，更关注这些道路将未来城市引向何处。正如《离骚》中所说的"乘骐骥以驰骋兮，来吾道夫先路"，关注速度和坐骑的同时，最终往哪里、目的为何处更为关键和长远。

本书出版之际，非常感谢指导、帮助和支持过作者的前辈、同行和同学！